普通高等学校学前教育专业系列教材

弹唱基础

李和平　主编

复旦大学出版社

内容提要

　　这是一本讲授儿童歌曲编配与钢琴弹唱方法的书,由华东师范大学教育学部李和平教授执笔编写。该教材吸收国内外最新的、成功的教育理念和方法,应用现代数码钢琴集体课教学研究成果的新理念,在教学观念、内容与方法上,力求突破与创新,注重学生音乐基础知识与歌曲弹唱能力的培养,为其胜任早教、幼儿园、小学的教学打下扎实基础。

　　本教材适用于师范院校学前教育系、艺术教育系、幼儿师范学校的学生、在职培训的幼儿园教师,以及初学钢琴的儿童与成年人。

　　本书配有示范音频、教学课件等资源,读者可登录复旦学前云平台www.fudanxueqian.com免费下载。

关注幼师宝,登录复旦学前云平台,获取更多教学资源

www.fudanxueqian.com

前　　言

《弹唱基础》是一本讲授儿童歌曲编配与钢琴弹唱方法的新书。该教材吸收国内外最新的、成功的教育理念和方法，应用现代数码钢琴集体课教学研究成果的新理念，在教学观念、内容与方法上，力求突破与创新，注重学生音乐基础知识与歌曲弹唱能力的培养，为其胜任早教、幼儿园、小学的教学打下扎实基础。

编者在研究师范院校学前教育、幼儿师专、幼儿师范音乐教学大纲的基础上，观察和总结成年师范学生音乐学习与钢琴学习的困惑与需求，探索与实践音乐基础知识和基本技能的训练方法，在学习音乐基本知识与技能的同时，有序、有效地培养和提高学生的音乐素质及审美能力。教材内容与教法具有科学性、系统性与实用性。

教材共分八个单元，主要内容包括：1. 钢琴键盘弹奏的基本方法；2. 对五线谱与简谱的认识、领悟与视奏；3. 两升、两降大小调音阶调性与和弦的认知与弹奏；4. 两升、两降大小调上各级和弦的结构特征、应用与弹奏；5. 民族调式和弦的结构特征、应用与弹奏；6. 五线谱与简谱幼儿歌曲的编配与弹唱；7. 儿童歌曲伴奏编配的思路与方法；8. 儿童歌曲移调弹奏的方法与练习。

《弹唱基础》在编写中，注重音乐课程间的横向联系，主要特点如下：

1. 从认识键盘入手，学习大、小调与民族调式的音阶、和弦，学习与记忆不同和弦连接的规则。在每个和弦的下方，用阿拉伯数字标注和弦在调性中的级数，在和弦的上方，用英文字母标注和弦的键盘位置。为学生键盘即兴弹奏能力的培养打好扎实基础。

2. 采用集体课的教学方式，安排课堂上的键盘弹奏、歌曲弹唱、即兴移调等练习，做到师生合奏、聆听、鉴赏与相互间的评价，增强音乐课堂的教学效果。

3. 将传统音乐课程的知识，有机地融入儿童歌曲编配与弹唱的基础训练，教材中每首幼儿歌曲乐谱的上方，用阿拉伯数字标注和弦的级数；在乐谱的下方，用字母标注和弦的键盘位置。让学生获得明确的提示，形成合理的音乐思维方式。

4. 注重学生学习中国民族调式与和声应用的方法，并能进行编配与移调弹唱，获得现代师范教育需要的工作技能。

5. 根据每个教学单元的要求，创作编写适合成年学生弹奏的练习曲、乐曲、儿童歌曲，安排设计课堂即兴弹奏与弹唱的各种练习，使学生能较快地学习与把握各单元教学的内容与要求。

6. 注重学生音乐素养与创编能力的培养，提高成年师范生音乐听觉、记忆、鉴赏、想象和创编能力。

7. 加强对简谱认知与弹唱的训练，学习与记忆不同调性旋律与和声弹奏的键盘位置，增设简谱上的乐曲、歌曲的弹奏及移调弹唱练习，每首简谱歌曲与乐曲都有详细的和弦标注，有助于学生对简谱的学习与把握。

8. 从教学起始，教材的每个章节都注重学生对键盘、五线谱与简谱的认知，发展学生对幼儿歌曲编配、即兴弹唱的全面能力。

本教材适用于师范院校学前教育系、艺术教育系、幼儿师范学校的学生、在职培训的幼儿园教师，以及初学钢琴的儿童与成年人。

教材由华东师范大学教育学部李和平教授执笔编写。在编写教材的过程中，得到全国各师范学校的支持与帮助，缪思捷、李圣音进行文字与乐谱的电脑输录、资料收集等工作，在此深表感谢。

华东师范大学　李和平
2018 年 5 月

目 录

第一章 键盘上的大调音阶 ... 1
- 第一节 认识钢琴 ... 1
- 第二节 大调音阶 ... 4
- 第三节 认识简谱 ... 6
- 第四节 键盘上的练习 ... 7
- 第五节 键盘上的弹唱活动 ... 13

第二章 键盘上的大调和弦 ... 17
- 第一节 正三和弦 ... 17
- 第二节 副三和弦 ... 18
- 第三节 大调的和弦功能体系 ... 19
- 第四节 属七和弦与终止四六和弦 ... 20
- 第五节 大调内和弦音的选择 ... 20
- 第六节 简谱中的和弦 ... 22
- 第七节 键盘上的练习 ... 23
- 第八节 幼儿歌曲弹唱 ... 30

第三章 C、G、D大调幼儿歌曲的编配与弹唱 ... 38
- 第一节 为幼儿歌曲编配伴奏的方法 ... 38
- 第二节 C大调幼儿歌曲的编配 ... 38
- 第三节 G大调幼儿歌曲的编配 ... 49
- 第四节 D大调幼儿歌曲的编配 ... 59

第四章 F、♭B大调幼儿歌曲的编配与弹唱 ... 72
- 第一节 F大调幼儿歌曲的编配 ... 72
- 第二节 ♭B大调幼儿歌曲的编配 ... 86

第五章 键盘上的小调音阶 ... 100
- 第一节 小调音阶 ... 100
- 第二节 认识简谱 ... 102
- 第三节 键盘上的练习 ... 103
- 第四节 键盘上的弹唱活动 ... 109

第六章　键盘上的小调和弦 ……………………………………………………………… 115

第一节　正三和弦 ………………………………………………………………… 115
第二节　副三和弦 ………………………………………………………………… 118
第三节　小调的和弦功能体系 …………………………………………………… 122
第四节　属七和弦与终止四六和弦 ……………………………………………… 123
第五节　小调内和弦音的选择 …………………………………………………… 124
第六节　简谱中的小调和弦 ……………………………………………………… 126
第七节　键盘上的练习 …………………………………………………………… 131
第八节　幼儿歌曲弹唱 …………………………………………………………… 139

第七章　a、e、b 小调幼儿歌曲的编配与弹唱 ……………………………………… 149

第一节　a 小调幼儿歌曲的编配 ………………………………………………… 149
第二节　e 小调幼儿歌曲的编配 ………………………………………………… 158
第三节　b 小调幼儿歌曲的编配 ………………………………………………… 171

第八章　d、g 小调幼儿歌曲的编配与弹唱 ………………………………………… 184

第一节　d 小调幼儿歌曲的编配 ………………………………………………… 184
第二节　g 小调幼儿歌曲的编配 ………………………………………………… 196

第一章 键盘上的大调音阶

第一节 认识钢琴

钢琴属于键盘乐器,当弹奏者的手指接触琴键,钢琴的琴槌即会敲击琴弦,而发出好听的声音。拨弦古钢琴是钢琴的前身。1709年,意大利生产了第一批立式钢琴,以琴槌敲击琴弦而发声,弹奏者的手指应用多种细微的触键方法,可以让钢琴的音色与音量有着丰富的变化。18世纪以来,德国、奥地利、英国、美国等国家,对现代钢琴的生产不断进行改良,使钢琴成为"乐器之王",我们常见的钢琴有三角钢琴和立式钢琴。

一、钢琴的音组与音区

（一）音组

现代钢琴共有88个黑键与白键,分为 $7\frac{1}{3}$ 个音组,每个音组中有7个白键和5个黑键。在钢琴上,由左向右的音组排列顺序是:大字二组、大字一组、大字组、小字组、小字一组、小字二组、小字三组、小字四组和小字五组。其中大字二组和小字五组是不完全的音组（例1-1）。

例1-1

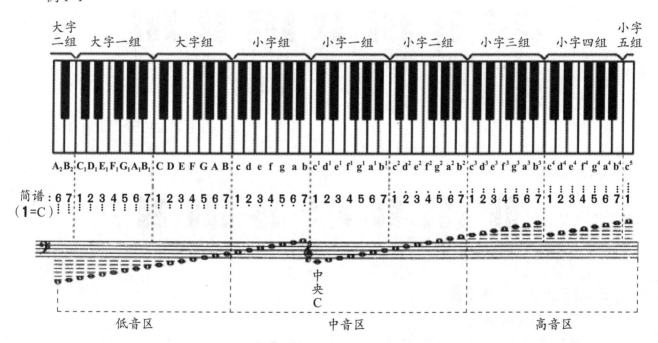

（二）音区

在键盘上由左向右,可分为三个音区:低音区、中音区和高音区:1.以中央C为中心,可构成中音区,它由小字组、小字一组和小字二组构成;2.中音区向右,即高音区,它是由小字三组、小字四组和小字五组构成;3.中音区向左,即低音区,它是由大字组、大字一组和大字二组构成（例1-1、例1-2）。

例 1-2

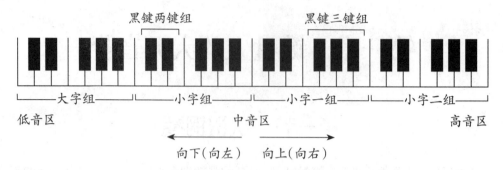

二、认识键盘

钢琴键盘由 88 个白键和黑键组成（例 1-3）。

例 1-3

（一）两个黑键组合中的白键

在两个黑键组合中，周围的白键分别是：C 键，在两个黑键组的左（下）方；D 键，在两个黑键组的中间；E 键，在两个黑键组的右（上）方（例 1-4）。

例 1-4

（二）三个黑键组合中的白键

在三个黑键组合中，周围的白键分别是：F 键，在三个黑键组左（下）方；B 键，在三个黑键组右（上）方；G 键，在 F 键右（上）方；A 键，在 B 键的左（下）方（例 1-5）。

例 1-5

三、键盘上的全音和半音

（一）键盘上的半音

在键盘上，指定音的琴键向右（上），到相邻一个琴键的距离，构成半音，用字母 H 表示（例 1-6）。同样，指定音的琴键向左（下），到相邻一个琴键的距离，构成半音（例 1-7）。

例 1-6 指定音向上

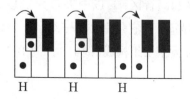

例 1-7 指定音向下

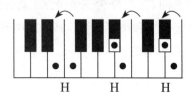

(二)键盘上的全音

在琴键上,两个半音构成一个全音。

在键盘上,从指定音向右(上),到相邻两个琴键的距离,为一个全音,用字母 W 表示。同样,指定音的琴键向左(下),到相邻两个琴键的距离,也是一个全音(例 1-8)。

例 1-8

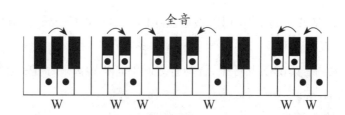

四、升号与降号

(一)升号(♯)与键盘上的升号音

升号(♯),使指定音在键盘上向右(上)提升一个半音的符号。那个与该指定音相邻的音,即升号音。升号音可以在白键上(例 1-9),也可以在黑键上(例 1-10)。

例 1-9

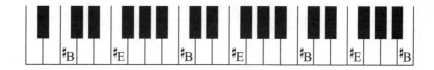

例 1-10

(二)降号与键盘上的降号音

降号(♭),使指定音在键盘上向左(下)降低一个半音的符号。那个与该指定音相邻的音,即降号音。降号音可以在白键上(例 1-11),也可以在黑键上(例 1-12)。

例 1-11

图 1-12

第二节 大调音阶

一、大调的前五音

1. 五指音型：在键盘上，从音阶的主音开始，按照次序向上排列的五个乐音，分别由双手的五指弹奏，这种音阶上的五音组合，称为五指音型。

2. 大调的前五音：在大调音阶的前五音中，音与音之间的音程距离顺序是：全音、全音、半音、全音，用字母公式表示为：W、W、H、W。

练习：学习五指音型，在大调的不同主音上，弹奏各调音阶的前五音。做到边弹边唱，认识并记忆调性音阶中的不同键盘位置。

3. 各大调的前五音，在钢琴键盘上的位置（例1-13）：

例1-13

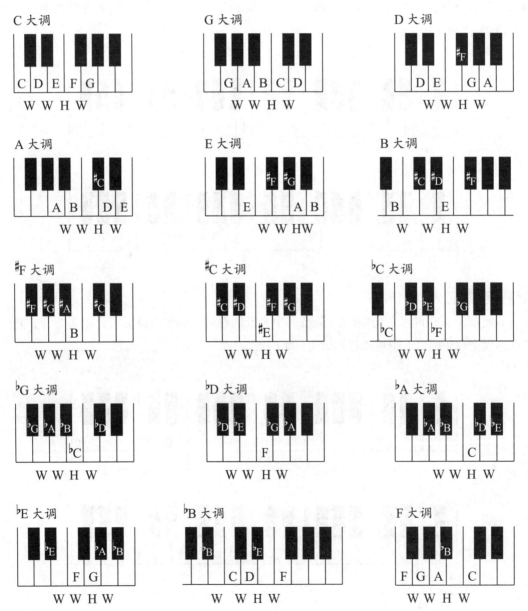

二、大调音阶的构成

在键盘上,大调音阶由八个相距二度音程的乐音组成,乐音之间距离的排列顺序是:全音、全音、半音、全音、全音、全音、半音,通常用字母表示:W、W、H、W、W、W、H(例1-14)。

例1-14

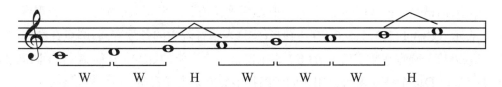

在大调音阶上,可以分成两个相等的四音组合,称为四音音列。两个四音音列之间的距离,相隔一个全音(W)。双手应用四音列指法,由主音到主音,由下而上,即可弹奏大调音阶(例1-15)。

例1-15

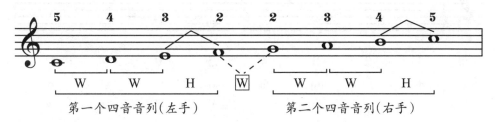

左手的四音列指法是:**5、4、3、2**;
右手的四音列指法是:**2、3、4、5**。
练习:应用双手的四音列指法,学习弹奏大调音阶,在大调的不同主音(C、G、D、A、E、B、F、♭B、♭E、♭A)上,弹奏各调的音阶。做到边弹边唱,认识并记忆调性音阶中的键盘位置。

三、音阶弹奏中的指法

在音阶弹奏中,常用穿指与跨指的指法,将乐音连贯弹奏。
右手的常用指法为:**1 2 3 1 2 3 4 5**(例1-16)。

例1-16

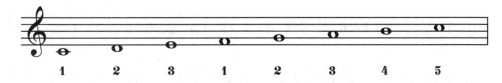

注:C、G、D、A、E各大调都可用这个指法,音阶上行用穿指,音阶下行用跨指,手腕注意保持平衡。
左手的常用的指法为:**5 4 3 2 1 3 2 1**(例1-17)。

例1-17

注:C、G、D、A、E各大调都可用这个指法,音阶上行用跨指,音阶下行用穿指,手腕注意保持平衡。

第三节 认识简谱

一、简谱上的音阶

在音乐创作中,简谱是一种常用的记录方法,它运用阿拉伯数字来表示音阶上的各级乐音,在C大调中,调号用 **1**=C 来表示,数字(1、2、3、4、5、6、7)与圆点(·)表示音阶中的各级音高,圆点在数字的上方($\dot{1}$)表示提高一个音组(八度),圆点在数字的下方($\dot{6}$)表示降低一个音组(八度)。在简谱中,不同调性的音阶,只要更换调号(**1**=C、**1**=D 或 **1**=E),就可以用相同的阿拉伯数字来表述音阶。

大调音阶(五线谱与简谱对照表)(例 1-18):

例 1-18

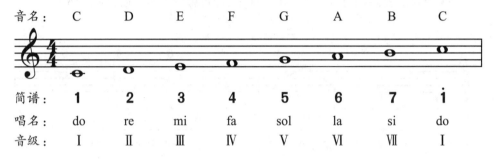

从例 1-18 可以看出,在简谱中,音阶的音级和唱名与五线谱相同,音级可用罗马数字表述,音阶上各音所构成的和弦级数的表述,也与五线谱相同。

二、简谱上的旋律表述

在简谱中,表述音乐旋律时,不同调性的同一旋律,只要更换调号,就可以用阿拉伯数字来表达旋律的音高。记谱时,用线和点来表示旋律中的节奏和音高。调号与节拍用数字和字母表示。而在五线谱中,不同调性的同一旋律记谱时,在更换调号的同时,都必须变化旋律音在五线谱上的位置。

视唱简谱谱例:

例 1-19

1. **1**=G $\frac{4}{4}$ 5 5 5 5 | 3 1 3 1 | 5 2 5 2 | 1 1 1 − ‖

2. **1**=G $\frac{2}{4}$ 1. 2 1 | 2. 3 2 | 1 0 | 1 0 ‖

3. **1**=G $\frac{2}{4}$ 1 2 1 2 1 | 1 2 3 2 1 | 1 2 1 2 3 | 2 3 2 3 1 ‖

4. **1**=C $\frac{3}{4}$ 1 3 5 | 1 3 5 | 5 − − | 5 − − ‖

5. **1**=C $\frac{2}{4}$ 1 2 1 2 | 3 2 3 4 | 5 5 5 | 5 − ‖

以上谱例在移调时,只要更换调号,就可以表示新调。

第四节　键盘上的练习

一、大调上的五音练习

练 习 一

和 平

练 习 二

和 平

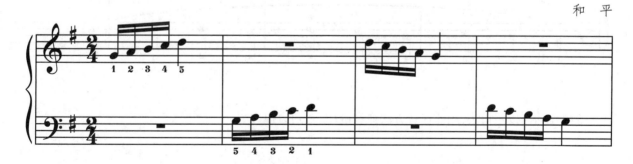

二、乐曲

1. 蓝眼睛的猫

和平曲

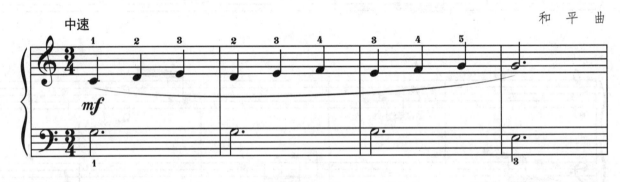

教学提示：按照指法，用非连音方法弹奏旋律，做到边弹边唱。

2. 稻 草 人

和 平 曲

教学提示：弹奏双音时，5、4指手指要独立站稳，手腕放松自如。

3. 木 船

和 平 曲

教学提示：左、右手用非连音方法弹奏歌唱旋律，把握 4/4 拍的节奏韵律。

4. 大　锣

和　平　曲

教学提示：左、右手交替弹奏五度双音旋律，手臂、手腕自然放松，1、5指触键敏捷，用力均匀，注意二分、四分音符及休止符的节拍时值。

5. 帆　船

圣　音　曲

教学提示：学习四、五、六度音程，旋律抒情、流畅，注意旋律中的力度变化，左手1、5指保持正确手型。

6. 快乐的木马

教学提示：学习连音的弹奏方法，使旋律具有歌唱性、连贯，聆听和感受伴奏声部五、六度音程的变化。

7. G音上的音阶

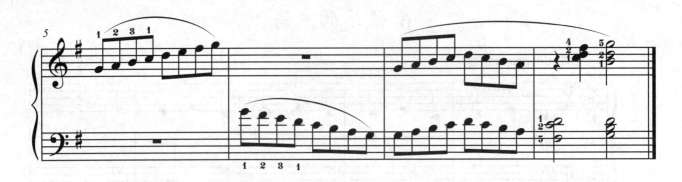

教学提示：G大调上的前五音与音阶练习，学习降号与还原记号，聆听音高的变化。

8. 舞　曲

云　颂　曲

教学提示：掌握连音与跳音的不同奏法。

第五节　键盘上的弹唱活动

一、C、G大调的儿童歌曲

有表情地弹奏儿童歌曲，做到边弹边唱。

1. 小鱼

英国儿歌
和平 填词编曲

教学提示：左手弹奏五、六度音程伴奏，掌关节勿塌陷，5、1指要立住，注意手指力度的均衡传送。

2. 我有一只小羊羔

美国儿歌
和平 填词编曲

教学提示：注意旋律中附点八分音符的时值，左手用跳音的方法弹奏双音，注意控制音量。

3. 大钟小钟一起响

比利时儿歌
和平 编曲

4. 快快起床

法国歌曲
和平 填词编曲

教学提示：这是一首G大调的儿童歌曲，主要练习弹奏低音和弦伴奏音型，注意手指力度要均匀地传送并控制音量。

二、简谱上的儿童歌曲

双手在键盘上弹奏简谱旋律,做到边弹边唱,并在C、G大调上移调弹唱。

1. 小 鱼

英国儿歌
和 平 填词

1=C 4/4
欢快地

5 6 5 4 3 4 5 | 2 3 4 3 4 5 | 5 6 5 4 3 4 5 | 2 3 4 3 4 5 |
许多鱼儿游过来,红 鱼黄鱼,一群群,一对对,黑鱼白鱼,

5 6 5 4 3 4 5 | 2 3 4 3 4 5 | 5 6 5 4 3 4 5 | 2 5 3 1. :||
许多鱼儿游过来,你 好你 好,许多鱼儿游过来,你 好你 好。

2. 我有一只小羊羔

美国儿歌
和 平 填词

1=C 2/4
抒情地

3. 2 1 2 | 3 3 3 | 2 2 2 2 | 3 5 5 | 3. 2 1 2 | 3 3 3 1 | 2 2 3 2 | 1 - :||
我 有一只 小羊羔,毛茸茸的 小羊羔。穿着一身 白衣裳,咩咩 咩咩 咩。

3. 大钟小钟一起响

比利时儿歌

1=C 4/4
欢快地

1 1 1 1 | 1 1 1 1 | 1. 2 3 4 | 3 2 1 - |
叮当叮当,叮当叮当,大 钟小钟一 起 响。

3. 4 5 6 | 5 4 3 - | 1 1 1 1 | 7 7 1 - :||
不 敲不响不热闹, 叮当叮当叮叮当。

4. 快快起床

法国儿歌
和 平 填词

1=G 4/4
中速

1 2 3 1 | 1 2 3 1 | 3 4 5 - | 3 4 5 - |
快 快起床,快 快起床,小 宝 贝, 小 宝 贝。

5 6 5 4 3 1 | 5 6 5 4 3 1 | 2 5 1 - | 2 5 1 - :||
叮叮当当钟儿响,叮叮当当钟儿响,快起床, 快起床。

5. 小 木 马

1=F 2/4　　　　　　　　　　　　　　　　　　　　　　丹 歌 词曲

| 1 2 3 | 1 2 3 | 3 2 1 3 | 2 - | 3 5 | 3 1 | 2 3 2 2 | 1 - ‖

小木马，小木马，转呀转起来。　小朋 友呀 快来转圈圈。

6. 小 花 伞

1=F 3/4　　　　　　　　　　　　　　　　　　　　　　丹 歌 词曲

| 1 - 3 | 2 - - | 1 - 3 | 2 - - | 3 - 2 | 1 - 3 | 2 - - |

小　花　伞，　自　己　做，　拿　起　小　画　笔。

| 5 - 3 | 5 - - | 5 - 3 | 1 - - | 2 2 3 | 2 - 2 | 1 - - ‖

红　的　花，　蓝　的　花，　美丽的 小　花　伞。

第二章　键盘上的大调和弦

第一节　正三和弦

一、原位正三和弦

在大调音阶的主音、下属音、属音上分别构成的大三和弦,即大调的正三和弦。和弦的标记分别是:Ⅰ、Ⅳ、Ⅴ,也可以用字母表示和弦的键盘位置。例如:在 C 大调中,Ⅰ级和弦是 C 大三和弦,弹奏 C、E、G 音;Ⅳ级和弦是 F 大三和弦,弹奏 F、A、C 音;Ⅴ级和弦是 G 大三和弦,弹奏 G、B、D 音。它们是 C 大调的正三和弦(例 2-1)。

例 2-1

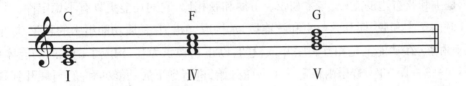

在 G 大调中,Ⅰ级和弦是 G 大三和弦,弹奏 G、B、D 音;Ⅳ级和弦是 C 大三和弦,弹奏 C、E、G 音;Ⅴ级和弦是 D 大三和弦,弹奏 D、♯F、A 音。它们是 G 大调的正三和弦(例 2-2)。

例 2-2

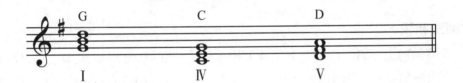

二、转位正三和弦

在大调中,每个正三和弦都有两个转位和弦,六和弦与四六和弦。当和弦的三音,作为和弦的低音,构成六和弦,是三和弦的第一转位。当和弦的五音作为和弦的低音,构或四六和弦,是三和弦的第二转位。

例如,在 C 大调中,Ⅰ级 C 和弦有两个转位和弦。当和弦的三音 E,作为 C 和弦的低音,构成六和弦,是 C 和弦的第一转位 I_6 和弦,用字母 C/E 表示,弹奏 E、G、C 音。当和弦五音 G,作为 C 和弦的低音,构成四六和弦,是 C 和弦的第二转位 I_4^6 和弦,用字母 C/G 表示,弹奏 G、C、E 音。

C 大调的Ⅳ级 F 和弦有两个转位和弦:第一转位 IV_6 和弦,用字母 F/A 表示,弹奏 A、C、F 音;第二转位 IV_4^6 和弦,用字母 F/C 表示,弹奏 C、F、A 音。

C 大调的Ⅴ级 G 和弦有两个转位和弦:第一转位 V_6 和弦,用字母 G/B 表示,弹奏 B、D、G 音;第二转位 V_4^6 和弦,用字母 G/D 表示,弹奏 D、G、B 音(例 2-3)。

例 2-3

在G大调中，I_6和弦用字母表示为G/B,弹奏B、D、G音；I_4^6和弦用字母表示为G/D,弹奏D、G、B音；IV_6和弦用字母表示为C/E,弹奏E、G、C音；IV_4^6用字母表示为C/G,弹奏G、C、E音；V_6和弦用字母表示为D/#F,弹奏#F、A、D音；V_4^6和弦用字母表示为D/A,弹奏A、D、#F音（例2-4）。

例2-4

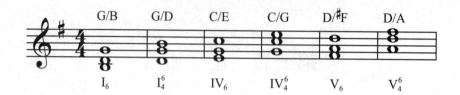

三、正三和弦的功能

大调中的I级和弦，是调式中最稳定的和弦，它是调式的支柱，其他和弦（II、III、IV、V、VI、VII）都有服从它的倾向，它属于主功能组，功能组的标记为：T。

IV级和弦，是主和弦左边的支柱，与主和弦相比，它的功能不太稳定，服从并倾向于主和弦，它是下属功能组中的和弦，标记为：S。

V级和弦，是主和弦右边的支柱，与主和弦、下属和弦相比，它的功能更具有不稳定性，因为它的三音是导音，它服从并倾向于主和弦，属和弦与主和弦连接，常构成终止，它是属功能组中的和弦，标记为：D。

大调的正三和弦，在功能上是相互关联并依赖的，以正三和弦为主，构成了调式的功能体系。和弦功能进行的步骤是：T—S—D—T。音乐由稳定的主和弦开始，进行到下属功能的和弦，再展开到属功能的和弦，最后在稳定的主和弦上终止。音乐在不稳定的冲突中发展并展开，终止在稳定的T功能的和弦上。

和声由稳定到不稳定的连接与进行，是音乐创作的基础。

第二节　副三和弦

一、原位副三和弦

在大调中，在音阶的上主音、中音、下中音上构成的小三和弦，分别是II、III、VI，分别用字母Dm、Em、Am表示。在音阶的导音上构成的减三和弦，是VII和弦，用字母Bd表示。和弦II、III、VI、VII是大调的副三和弦。原位的II、III、VI和弦是小三和弦，色彩柔和，在音乐进行中，与明亮的大和弦形成色彩上的对比。VII级和弦是减三和弦，色彩尖锐、紧张，具有不稳定性，与调内的其他和弦连接，形成鲜明的色彩对比。

C大调的副三和弦（例2-5）：

例2-5

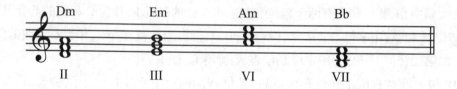

G大调中的副三和弦：II和弦用字母Am表示，III和弦用字母Bm表示，VI和弦用字母Em表示，VII和弦用字母#Fd表示。

G大调的副三和弦（例2-6）：

例2-6

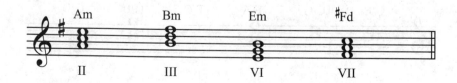

二、转位副三和弦

在大调中,每个副三和弦都有两个转位。

在 C 大调中:II_6 和弦可以用字母表示为 Dm/F,II_4^6 和弦可以用字母表示为 Dm/A;III_6 和弦可以用字母表示为 Em/G,III_4^6 和弦可以用字母表示为 Em/B;VI_6 和弦可以用字母表示为 Am/C,VI_4^6 和弦可以用字母表示为 Am/E;VII_6 和弦可以用字母表示为 Bd/D,VII_4^6 和弦可以用字母表示为 Bd/F。

C 大调的副三和弦转位(例 2-7):

例 2-7

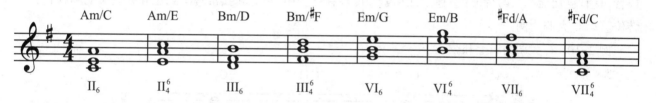

在 G 大调中:II_6 和弦可以用字母表示为 Am/C,II_4^6 和弦可以用字母表示为 Am/E;III_6 和弦可以用字母表示为 Bm/D,III_4^6 和弦可以用字母表示为 Bm/#F;VI_6 和弦可以用字母表示为 Em/G,VI_4^6 和弦可以用字母表示为 Em/B;VII_6 和弦可以用字母表示为 #Fd/A,VII_4^6 和弦可以用字母表示为 #Fd/C。

G 大调的副三和弦转位(例 2-8):

例 2-8

第三节 大调的和弦功能体系

一、和弦功能组

在大调中,有三个和弦功能组:T、S、D,每个功能组中,有三个和弦:一个正三和弦,两个副三和弦。例如,在 C 大调中,主和弦 I 和弦、两个副三和弦 VI、III 和弦,构成 T 功能组,两个副三和弦(VI、III)的根音,与主和弦(I)的根音相差三度音程。副三和弦与正三和弦之间有两个共同音,在 T 功能组中,以主和弦(I)为中心,关系密切。大调中的三个正三和弦,与副三和弦构成各自的和弦功能组(T、S、D),形成调性的完全功能体系。

C 大调的三个功能组(例 2-9):

例 2-9

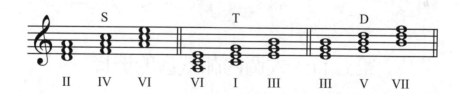

在 C 大调中,T 功能组内的和弦是:VI 和弦可以用字母 Am 表示,I 和弦可以用字母 C 表示,III 和弦可以用字母 Em 表示。其中,和弦 Am 与 C 有两个共同音,分别是 C 音和 E 音,和弦 Em 和 C 有两个共同音,分别是 E 音和 G 音。

S功能组内的和弦是：II和弦可以用字母Dm表示，IV和弦可以用字母F表示，VI和弦可以用字母Am表示。其中，和弦Dm与F有两个共同音，分别是F音和A音，和弦Am和F有两个共同音，分别是A音和C音。

D功能组内的和弦是：III和弦可以用字母Em表示、V和弦可以用字母G表示、VII和弦可以用字母Bd表示。其中，和弦Em与G有两个共同音，分别是G音和B音，和弦Bd和G有两个共同音，分别是B音和D音。这个功能组中的三个和弦都包含导音，因此，D功能组具有最不稳定性。

二、和弦功能的应用

大调和弦功能组连接进行的公式是：T—S—D—T。

和弦功能组进行是音乐创作发展的一种方式，是主题乐思展开的基本动力。

副三和弦可以代替功能组内的正三和弦单独应用，也可以出现在正三和弦的后面。

第四节　属七和弦与终止四六和弦

一、属七和弦

在大调的属音上建立的七和弦是属七和弦，标记为V_7。它是D功能的和弦，和弦中包含了下属和弦的根音，具有复功能和弦的特征：不稳定性和紧张度。在终止中，属七和弦常解决到主和弦。属七和弦有三个转位。以C大调为例：

例2-10　C大调的属七和弦

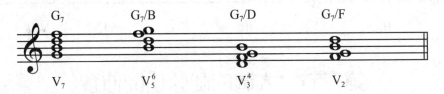

二、大调上的终止四六和弦

以大调的属音为根音建立的四六和弦，和弦分别由音阶上的属音、主音和中音构成，称为终止四六和弦，标记为K_4^6，它具有复功能和弦的特征：不稳定性和紧张度。在终止中，终止四六和弦与属和弦连接，构成调性终止的和声进行。以C大调终止式为例，C大调上终止四六和弦的用法：

例2-11

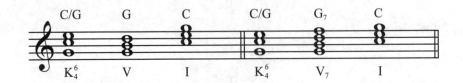

第五节　大调内和弦音的选择

一、和弦音与和弦外音

大调上的各级音与和弦的关系可分为两种：和弦音（和弦内的音）、和弦外音（非和弦内的音）。

大调音阶上的各级音，作为和弦音，有多种选配不同和弦的可能性，以C大调为例，主音C音如作为和弦音,可选择 I、IV、VI 级和弦(原位与转位),也就是 C 和弦、F 和弦、Am 和弦;上主音 D 音作为和弦音,可选择 II、VII、V、V_7 级和弦(原位与转位)。

二、旋律中和弦的选择

在旋律进行中,小节内的旋律,通常以强拍音或多数音作为和弦音来选择和弦,包括原位与转位和弦的应用,转位和弦的应用,使和弦的选择更丰富。例如:C 大调上的各级音,有多种和弦选择的可能性。

1. 主音 C 的选择:

例 2-12

2. 上主音 D 的选择:

例 2-13

3. 中音 E 的选择:

例 2-14

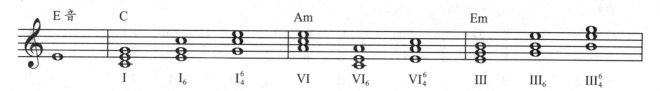

4. 下属音 F 的选择:

例 2-15

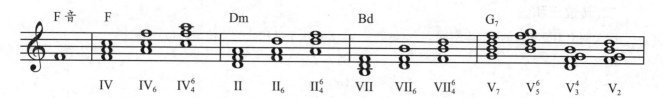

5. 属音 G 的选择:

例 2-16

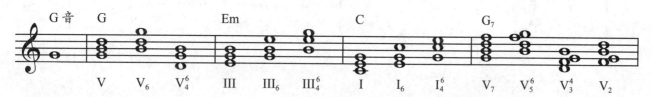

6. 下中音 A 的选择：

例 2-17

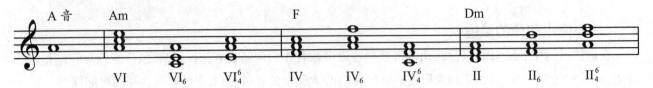

7. 导音 B 的选择：

例 2-18

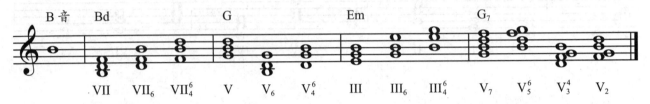

第六节　简谱中的和弦

一、原位三和弦

在简谱中，音阶上的各级和弦用阿拉伯数字与小圆点表示，音级用罗马数字表示，键盘位置用英文字母表示。例如在 C 大调和 G 大调中，各级原位和弦的记谱方法如下：

例 2-19　C 大调的和弦

1=C

C	Dm	Em	F	G	Am	Bd
5	6	7	1̇	2̇	3̇	4̇
3	4	5	6	7	1̇	2̇
1	2	3	4	5	6	7
I	II	III	IV	V	VI	VII

例 2-20　G 大调的和弦

1=G

G	Am	Bm	C	D	Em	♯Fd
5	6	7	1̇	2̇	3̇	4̇
3	4	5	6	7	1̇	2̇
1	2	3	4	5	6	7
I	II	III	IV	V	VI	VII

二、转位三和弦

C 大调上 I 级和弦的原位与转位：

例 2-21

1=C

C	C/E	C/G
5	1̇	3̇
3	5	1̇
1	3	5
I	I$_6$	I$_4^6$

G 大调上 I 级和弦的原位与转位：

例 2-22

1=G

G	G/B	G/D
5	1̇	3̇
3	5	1̇
1	3	5
I	I$_6$	I$_4^6$

三、应用中需注意的问题

1. 调性的转换。

在简谱中,调内各级和弦的表示,可适用不同的大调,数字的记谱方式不变,只要在乐谱前,更换调号(1=C、1=G、1=D、1=A…)即可。

2. 和弦的字母标记与键盘位置。

弹奏中必须注意,不同调性和弦的键盘位置是变化着的,应准确把握和记忆和弦标记的英文字母,即可找到相应的键盘位置。例如,在G大调中,II级和弦的英文字母标记是Am,键盘位置应该分别是A音、C音、E音。

在简谱中,"**1**"(do)音在不同调性中,选配I、VI、IV级和弦的表示方式如下:

例 2-23

	C Am F		G Em C		D Bm G
1=C	5 3 i̇ 3 1 6 1 6̣ 4 I VI IV	1=G	5 3 i̇ 3 1 6 1 6̣ 4 I VI IV	1=D	5 3 i̇ 3 1 6 1 6̣ 4 I VI IV

在简谱中,C、G、D大调的I、IV、V级和弦的唱名与谱例的表示是相同的,但是它们的键盘位置是不同的,我们要辨别认知与记忆。

为音阶各级音选配和弦时,在不同调性中,必须记忆和弦的键盘位置以及相应的和弦级数,聆听和弦进行的色彩变化。在不同调性中,同一和声语汇的色彩变化是相同的,键盘位置和音高则是不同的。

第七节　键盘上的练习

一、大调上的和弦练习

在键盘的不同音区上,双手弹奏C、G、F大调的和弦连接语汇;手指触键动作准确、敏捷,手腕动作轻柔、自如;学习大调和弦连接的基本语汇;记忆不同和弦音在键盘上的位置;聆听和弦进行的色彩变化;在D、A、E、♭B、♭E大调上弹奏和弦连接语汇。

1. C大调上的正三和弦连接。

例 2-24

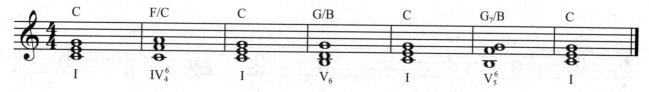

2. C大调上的正三和弦和副三和弦的连接。

例 2-25

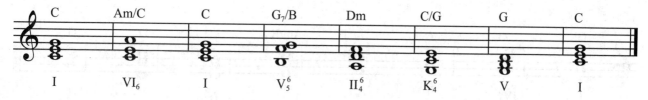

3. C 大调上终止四六和弦的应用。

例 2-26

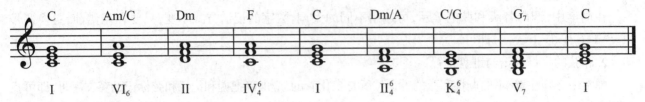

4. C 大调上和弦的完全进行和完全终止。

例 2-27

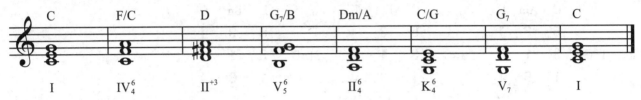

5. G 大调上的正三和弦连接。

例 2-28

6. G 大调上的正三和弦和副三和弦的连接。

例 2-29

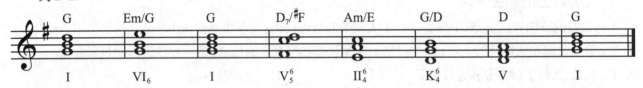

7. G 大调上终止四六和弦的应用。

例 2-30

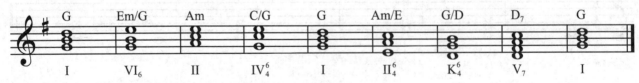

8. G 大调上和弦的完全进行和完全终止。

例 2-31

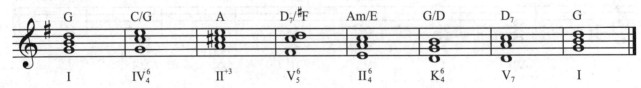

二、乐曲

1. 碰 碰 车

圣音曲

教学提示：学习旋律中的降号与还原记号，注意乐句的流畅进行。

2. 森林里有一棵树

德国民歌

教学提示：把握乐句的歌唱性，1、5指弹奏低声部的五、六度音程，要保持正确的手型。

3. 舞　　曲

云颂 曲

教学提示：掌握连音与跳音的不同奏法。

4. 游　　戏

思捷 曲

教学提示：左、右手交替弹奏 G 大调主和弦与五音练习，注意休止符的时值。

5. 水 车

丹 歌 曲

教学提示：C大调主和弦分解的练习，弹奏和弦与双音时，手指触键准确而整齐。

6. 剪 羊 毛

澳大利亚民歌
颂 丹 编曲

教学提示：旋律热情而欢快，注意附点八分音符的节拍时值。左手弹奏半分解伴奏音型要控制音量，略轻于主旋律。

7. 友谊地久天长

佚 名 编曲

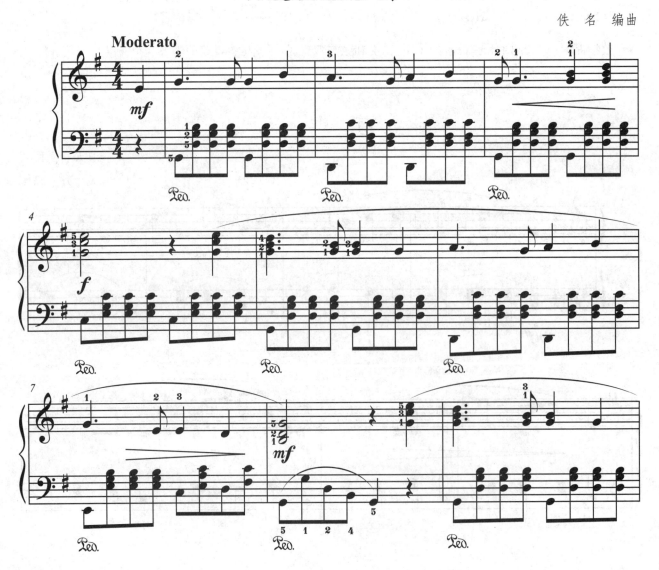

教学提示：苏格兰民歌。伴奏应弹得轻柔而歌唱，运用音后踏板。

8. 摇 篮 曲

费利斯 曲

教学提示：准确地运用踏板，完整、歌唱地弹奏全曲。

第八节 幼儿歌曲弹唱

一、五线谱上的幼儿歌曲

1. 雨 点

丹 歌 词曲

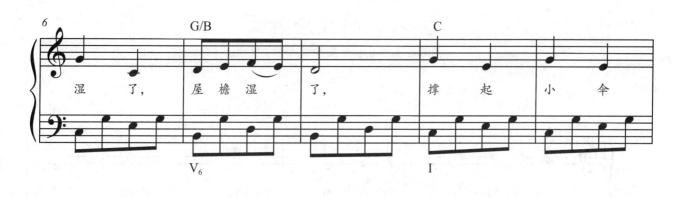

教学提示：弹奏 C 大调上的儿童歌曲，左手弹奏全分解和弦音型，要控制力度。

2. 木马转了

和平 词曲

教学提示：弹奏 G 大调的幼儿歌曲，根据和弦选择适当的伴奏音型，做到边弹边唱，并分别在 C、D、F、♭B 调上移调弹唱。

4. 雪绒花

罗杰斯 曲
和平 编曲

教学提示：把握 $\frac{6}{8}$ 拍歌唱旋律的节奏韵律，低声部全分解伴奏要控制音量。

5. 牧羊女

捷克民歌
和平 填词编曲

教学提示：学习D大调 3/4 拍节奏的儿童歌曲，旋律欢快活泼，注意休止符的时值。

二、简谱上的幼儿歌曲

认识简谱，学习即兴弹唱幼儿歌曲。要求：（1）双手弹奏大调儿歌旋律，边弹边唱；（2）根据和弦的标记双手弹奏和弦，一小节一个柱式和弦，有表情地歌唱儿歌，边弹边唱；（3）选择一个合适的伴奏音型，双手弹奏，边弹边唱；（4）学习移调弹唱，记忆不同调性音阶与和弦的键盘位置。

1. 小星星洗澡

刘同仁 词
范盈庄 曲

$1=C$ $\frac{3}{4}$

C		Dm/A	G/B
3 2 1 1	3 4 5 5	4 3 2 6	7 1 2 —
小 星 星，	在 星 空，	每晚跳 进	小 河 中，
I		II₆	V₆

```
      C                                Dm/A                G        C
      3 2 1    1   | 3 4 5    5     |  4  3  2   6̣     |  7̣ 2  1  —  ‖
      痛 痛 快  快    洗   个   澡,       我  夸 星   星       讲 卫  生。
      I                                II₆                 V        I
```

2. 小星星洗澡

刘同仁 词
范盈庄 曲

```
1=F  3/4
    F                               Gm/D               C/E
    3 2 1    1   | 3 4 5    5     | 4  3  2   6̣    | 7̣ 1  2  —  |
    小  星 星,    在   星   空,      每 晚 跳  进      小 河   中,
    I                               II₆              V₆

    F                               Gm/D               C       F
    3 2 1    1   | 3 4 5    5     | 4  3  2   6̣    | 7̣ 2  1  —  ‖
    痛 痛 快 快    洗   个   澡,      我 夸 星   星      讲 卫   生。
    I                               II₆              V       I
```

3. 小星星洗澡

刘同仁 词
范盈庄 曲

```
1=♭B  3/4
   ♭B                               Cm/G              F/A
    3 2 1    1   | 3 4 5    5     | 4  3  2   6̣    | 7̣ 1  2  —  |
    小  星 星,    在   星   空,      每 晚 跳  进      小 河   中,
    I                               II₆              V₆

   ♭B                               Cm/G              F       ♭B
    3 2 1    1   | 3 4 5    5     | 4  3  2   6̣    | 7̣ 2  1  —  ‖
    痛 痛 快 快    洗   个   澡,      我 夸 星   星      讲 卫   生。
    I                               II₆              V       I
```

4. 雨　　点

丹 歌 词曲

```
1=C  2/4
   C        G/B           C           G/B
   5 3  | 5 3  | 5 4 3 4 | 5 — | 5 3 | 5 1 | 2 3 4 3 | 2 — |
   雨 点  落 下  滴里滴里 答,    地 上  湿 了, 屋 檐 湿  了,
   I        V₆           I           V₆
```

C		G/B		C/G		G	C	
5 3	5 3	5̲ 4̲ 3̲ 4̲	5 —	5 3	5 1	2̲ 3̲ 4̲ 2̲	1 — :||
撑起	小伞	雨中 走，		小心	踏步	踢哩踢哩	哒。	
I		V₆		K⁶₄		V	I	

5. 雨　　点

1=G 2/4

丹　歌　词曲

G		D/#F		G		D/#F	
5 3	5 3	5̲ 4̲ 3̲ 4̲	5 —	5 3	5 1	2̲ 3̲ 4̲ 3̲	2 —
雨点	落下	滴里滴里 答，		地上	湿了，	屋檐湿	了，
I		V₆		I		V₆	

G		D/#F		G/D		D	G
5 3	5 3	5̲ 4̲ 3̲ 4̲	5 —	5 3	5 1	2̲ 3̲ 4̲ 2̲	1 — :||
撑起	小伞	雨中 走，		小心	踏步	踢哩踢哩	哒。
I		V₆		K⁶₄		V	I

6. 雨　　点

1=D 2/4

丹　歌　词曲

D		A/#C		D		A/#C	
5 3	5 3	5̲ 4̲ 3̲ 4̲	5 —	5 3	5 1	2̲ 3̲ 4̲ 3̲	2 —
雨点	落下	滴里滴里 答，		地上	湿了，	屋檐湿	了，
I		V₆		I		V₆	

D		A/#C		D/A		A	D
5 3	5 3	5̲ 4̲ 3̲ 4̲	5 —	5 3	5 1	2̲ 3̲ 4̲ 2̲	1 — :||
撑起	小伞	雨中 走，		小心	踏步	踢哩踢哩	哒。
I		V₆		K⁶₄		V	I

7. 木马转了

1=G 2/4

和　平　词曲

G		D₇/#F		G/D		D₇	G
1̲ 2̲ 3̲ 2̲	1 3	2̲ 3̲ 4̲ 3̲	2 0	3̲ 4̲ 5̲ 4̲	3 1	2̲ 4̲ 3̲ 2̲	1 0 :||
摇一 摇，	转一 转，	木马 动了	跑了一		圈。		
I		V⁶₅		K⁶₄		V₇	I

8. 木马转了

1=C 2/4   和平 词曲

C		G₇/B		C/G		G₇	
$\widehat{1\ 2}$ $\widehat{3\ 2}$	$\widehat{1}$ 3	$\widehat{2\ 3}$ $\widehat{4\ 3}$	2 0	$\widehat{3\ 4}$ $\widehat{5\ 4}$	3 1	$\widehat{2\ 4}$ $\widehat{3\ 2}$	1 0 :‖

摇 一 摇， 转 一 转， 木 马 动 了 跑 了 一 圈。

I　　　　　　V$_5^6$　　　　　　K$_4^6$　　　　　　V$_7$　　　I

9. 木马转了

1=F 2/4   和平 词曲

F		C₇/E		F/C		C₇	
$\widehat{1\ 2}$ $\widehat{3\ 2}$	$\widehat{1}$ 3	$\widehat{2\ 3}$ $\widehat{4\ 3}$	2 0	$\widehat{3\ 4}$ $\widehat{5\ 4}$	3 1	$\widehat{2\ 4}$ $\widehat{3\ 2}$	1 0 :‖

摇 一 摇， 转 一 转， 木 马 动 了 跑 了 一 圈。

I　　　　　　V$_5^6$　　　　　　K$_4^6$　　　　　　V$_7$　　　I

第三章 C、G、D大调幼儿歌曲的编配与弹唱

第一节 为幼儿歌曲编配伴奏的方法

为儿童歌曲编配钢琴伴奏,是对儿童音乐的再创作,需要进行以下步骤:
1. 视唱儿童歌曲,了解基本内容,把握歌曲的情感,确定音乐体裁、风格和特点。
2. 分析音乐旋律的调式与调性。
3. 划分乐句、乐段和终止式(半终止和终止),进行曲式结构的分析。
4. 选择和弦:
(1)在一个小节内,考虑旋律中的强拍音与和弦音的数量;
(2)在一个乐句中,考虑大调和弦的功能进行,并注意和弦之间连接的合理性,选择合适的和弦;
(3)原位和弦与转位和弦可交替选择;
(4)原位和弦尽量不要连续使用,有时,为了营造特定的和声色彩效果可采用。
5. 选择伴奏音型,可根据歌曲的风格,选择合适的和弦变化织体,并易于弹奏。
6. 边弹边唱新创作的歌曲伴奏,聆听效果,酌情进行修改。
7. 确定歌曲的前奏和尾奏,可用歌曲的第一句或结束句,也可选择相应的伴奏音型,作为前奏和尾奏。

第二节 C大调幼儿歌曲的编配

一、C大调上的常用和弦

(一)正三和弦、属七和弦与终止四六和弦

C大调的正三和弦是建立在主(C)、下属(F)、属(G)音上的大三和弦,和弦标记为Ⅰ、Ⅳ、Ⅴ,也可以用C、F、G字母来表示,正三和弦色彩明亮。

C大调的属七和弦是建立在属音(G)上的七和弦,和弦标记为V_7,也可以用G_7来表示。属七和弦的色彩丰富,具有不稳定性,与主和弦连接,出现在乐段的终止中。

C大调的终止四六和弦是建立在属音(G)上的四六和弦,和弦标记为K_4^6,也可以用C/G来表示。通常,出现在终止乐段中,它的位置在属和弦或属七和弦的前面。

例3-1

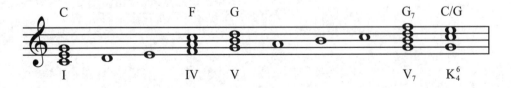

练习:
双手在钢琴的不同音区上,弹奏C大调上正三和弦、属七和弦和终止四六和弦的连接。

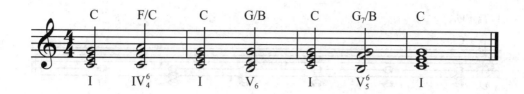

(二)副三和弦

C大调的副三和弦是建立在上主(D)、中(E)、下中(A)、导(B)音上的小三和弦与减三和弦,和弦标记分别为 II、III、VI、VII,也可以用 Dm、Em、Am、Bd 字母来表述,副三和弦与正三和弦交替使用,形成对比,使和声色彩变幻丰富。

功能中的副三和弦可以代替正三和弦,单独选用。也可以出现在正三和弦的后面。

例 3-2

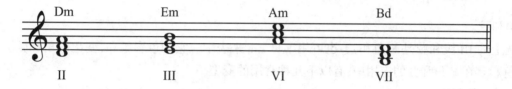

(三)C宫调上的和弦

在中国民族调式中,C大调称为C宫调,C宫调分为五声、六声、七声调式。C宫调上的各级正音为:宫(C)、商(D)、角(E)、徵(G)、羽(A)音。

例 3-3

在C宫调的各级正音上构成民族调式和弦,它们分别是:宫和弦、商和弦、角和弦、徵和弦、羽和弦,也可以用字母来表示:C宫和弦、D商和弦、E角和弦、G徵和弦、A羽和弦。

例 3-4

在中国民族音乐的创作中,调式中的和弦会有一些变型,成为非三度叠置的和弦,它们的音响效果是不太协和的,增加了和声连接中的色彩。调式中有两个偏音(清角、变宫),也常会将偏音置换,使调式和弦产生变化。

1. C宫和弦。

C宫调上的I级和弦是C宫和弦,可以用字母C来表示。它的色彩明亮,呈示调性。在C宫和弦的应用中,有以下几种常用的变型。

例 3-5　C 宫和弦

2. D 商和弦。

C 宫调上的 II 级和弦是 D 商和弦,也可用字母 Dm 来表示。它的色彩柔和,在 D 商和弦的应用中,有以下几种常用的变型。

例 3-6　D 商和弦

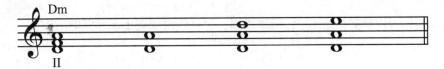

3. E 角和弦。

C 宫调上的 III 级和弦是 E 角和弦,也可用字母 Em 来表示。它的色彩柔和,变化的角和弦会产生特殊的音响和色彩。在 E 角和弦的应用中,有以下几种常用的变型。

例 3-7　E 角和弦

4. G 徵和弦。

C 宫调上的 V 级和弦是 G 徵和弦,也可用字母 G 来表示。它的色彩明亮,变化后的徵和弦有特殊的音响和色彩。在 G 徵和弦的应用中,有以下几种常用的变型。

例 3-8　G 徵和弦

5. A 羽和弦。

C 宫调上的 VI 级和弦是 A 羽和弦,也可用字母 Am 来表示。它的色彩柔和,变化后的羽和弦有着很好的和声效果。在 A 羽和弦的应用中,有以下几种常用的变型。

例 3-9　A 羽和弦

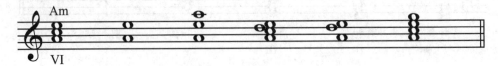

二、和弦织体

和弦织体是和弦的变化形态,俗称伴奏音型。歌曲伴奏音型的变化,与歌曲内容、形象的表达有关,常用的伴奏织体有立柱式、和弦半分解式与和弦全分解式(琶音型)。

练习:

双手在钢琴上弹奏 C 大调和弦的立柱式伴奏织体(伴奏音型),注意倾听和弦连接的变化色彩,记忆和弦织体的键盘位置。

三、键盘上的练习

(一)谱例弹唱

(1)视唱C大调旋律与低声部的和弦;(2)分别用"la""li""lu"哼唱旋律;(3)做到有表情地边弹边唱;(4)注意聆听和弦连接的变化色彩。

(二)乐曲弹奏

1. 水 车

和平曲

教学提示：C大调主和弦分解的练习，弹奏和弦与双音时，手指触键准确而整齐，运用音后踏板。

2. 摇摆的大调和弦

E.L.L.

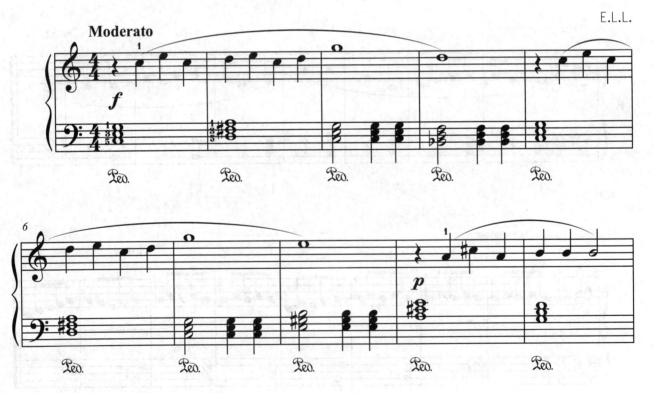

教学提示：学习音阶中不同音级上的大三和弦，聆听和声连接中的变幻色彩，运用音后踏板。

3. 平 安 夜

[奥] F·格鲁伯 曲

教学提示：注意乐句的歌唱性，右手注意保持中声部附点四分音符的节拍时值，伴奏部分的音量略轻于主旋律。

4. 桑塔·露琪亚

[意] I·科特芬 曲

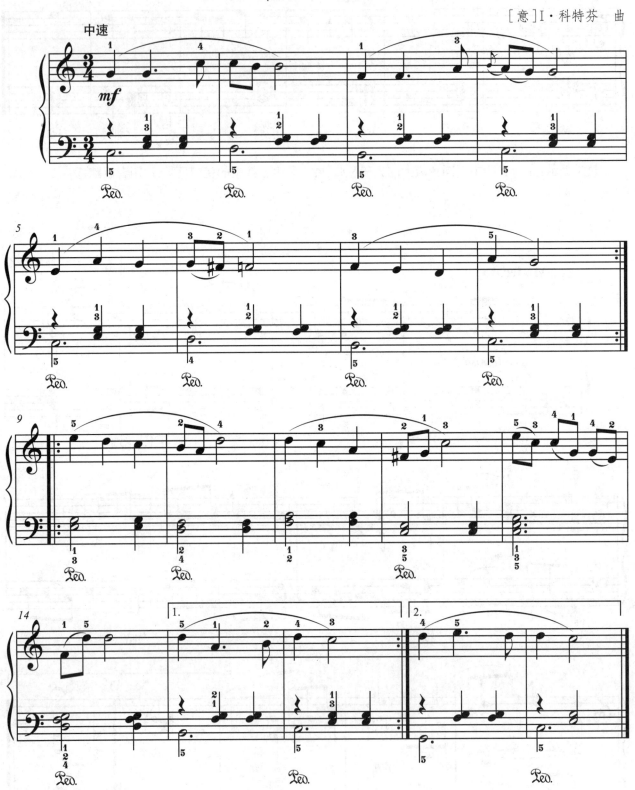

教学提示：拿波里民歌，第一段左手的伴奏有二个声部，注意让音量略低于主旋律。

四、歌曲弹唱

(一) 五线谱上的幼儿歌曲

视唱五线谱上的 C 大调幼儿歌曲，按照指定和声与和弦音型，弹奏歌曲，做到有表情地边弹边唱：

1. 小 小 猫

和平 词曲

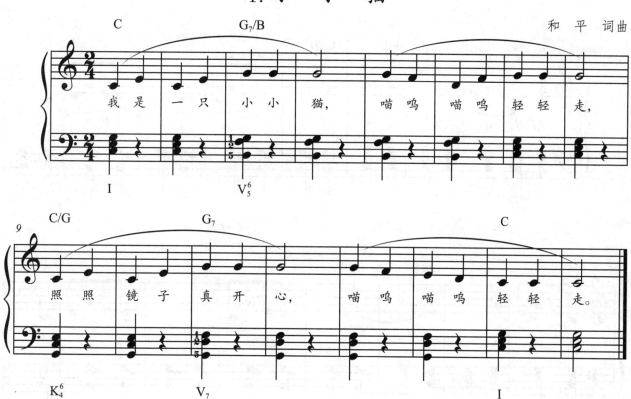

教学提示：弹奏柱式和弦伴奏音型时，手指触键均匀整齐，要控制音量，略轻于高声部旋律，注意四分休止符的节拍时值。

2. 春 天 来 了

和平 词曲

教学提示：左手弹奏半分解和弦织体，用非连音方法弹奏，弹奏第二拍双音时要控制手指力度。

3. 早操

和平 词曲

教学提示：弹奏跳音柱式和弦时，要把握 2/4 拍节奏的强弱。

（二）简谱上的幼儿歌曲

（1）双手弹奏 C 大调儿歌旋律，用中等速度视唱歌曲；（2）双手弹奏歌曲上方的和弦，一小节一个柱式和弦，做到边弹边唱；（3）为歌曲选配一个伴奏音型，用中速双手弹奏，边弹边唱；（4）左手弹奏伴奏音型，右手弹奏旋律，有表情地边弹边唱。

1. 小 小 猫

和平 词曲

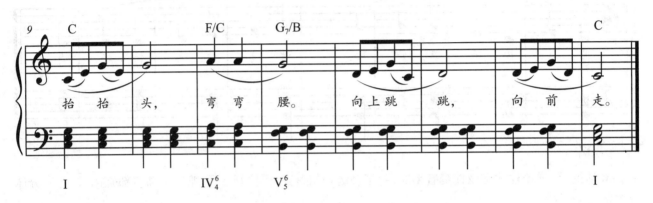

2. 小小猫

和平 词曲

1=C 2/4

C		G/B		G₇/B	
1 3	1 3	5 5	5 -	5 4	2 4	5 5	5 -
我是	一只	小小	猫，	喵呜	喵呜	轻轻	走，
I		V₆		V⁶₅	

C/G		G₇			C	
1 3	1 3	5 5	5 -	5 4	3 2	1 1	1 -
照照	镜子	真开	心，	喵呜	喵呜	轻轻	走。
K⁶₄		V₇			I	

3. 春天来了

和平 词曲

1=C 2/4

C			G₇/B		C	
5 5 5̂ 3	5 -	5 5 5̂ 3	1 -	2 2 2	2 -	2 2 5	3 -
春天来 了，		田野绿 了，		春风轻 吹，		小鸟歌 唱。
I			V⁶₅			

C			G₇/B		C	
5 5 5̂ 3	5 -	5 5 5̂ 3	1 -	2 2 2	2 -	2 2 5	1 -
河水清 清，		树叶发 芽，		花儿开 放，		春天来 了。
I			V⁶₅			I

4. 春天来了

和平 词曲

1=C 2/4

C			G/B		C	
5 5 5̂ 3	5 -	5 5 5̂ 3	1 -	2 2 2	2 -	2 2 5	3 -
春天来 了，		田野绿 了，		春风轻 吹，		小鸟歌 唱。
I			V₆			

C			Dm/A		G₇	C
5 5 5̂ 3	5 -	5 5 5̂ 3	1 -	2 2 2	2 -	2 2 5	1 -
河水清 清，		树叶发 芽，		花儿开 放，		春天来 了。
I			II⁶₄		V₇	I

47

5. 早操

1=C 2/4   和平 词曲

C		F/C	G₇/B		C
1 3 5 3	5 −	6 6 5 −	2 3 5 1	2 −	2 3 5 2	1 −

排好队，做早操，小手伸伸，小脚踢踢。

I   IV₄⁶   V₅⁶   I

C		F/C	G₇/B		C
1 3 5 3	5 −	6 6 5 −	2 3 5 1	2 −	2 3 5 2	1 −

抬抬头，弯弯腰。向上跳跳，向前走。

I   IV₄⁶   V₅⁶   I

6. 早操

1=C 2/4   和平 词曲

C		F/C	C	G/B		C
1 3 5 3	5 −	6 6	5 −	2 3 5 1	2 −	2 3 5 2	1 −

排好队，做早操，小手伸伸，小脚踢踢。

I   IV₄⁶   I   V₆   I

C		F/C	C	G/B		C
1 3 5 3	5 −	6 6	5 −	2 3 5 1	2 −	2 3 5 2	1 −

抬抬头，弯弯腰。向上跳跳，向前走。

I   IV₄⁶   I   V₆   I

7. 春

1=C 3/4   和平 词曲

C				Dm/A	C/G	G₇	C
5 − 3	5 − −	5 − 3	1 − −	2 3 4	5 − 3	5 4 2	1 − −

春来了，山绿了，田野绿了万物生长。

I   II₆   K₄⁶   V₇   I

8. 小厨师

1=C 2/4   思捷 词曲

C		G/B	C		C/G	G	C
5 6 5 6	5 3 5	5 6 5 1	2 2	3 5 5 6	5 1 2	5 3 2 3	1 1

青菜土豆大萝卜，洗呀洗干净呀，切切放在锅里，慢慢煮呀。

I   V₆   I   K₄⁶   V   I

48

第三节　G大调幼儿歌曲的编配

一、G大调上的常用和弦

（一）正三和弦、属七和弦与终止四六和弦

G大调的正三和弦是建立在主（G）、下属（C）、属（D）音上的大三和弦，和弦标记为I、IV、V，也可以用G、C、D字母来表示，正三和弦色彩明亮。

G大调的属七和弦是建立在属音（D）上的七和弦，和弦标记为V_7，也可以用D_7来表示。属七和弦的色彩丰富，具有不稳定性，与主和弦连接，出现在乐段的终止中。

G大调的终止四六和弦是建立在属音（D）上的四六和弦，和弦标记为K_4^6，也可以用G/D来表示。通常，出现在终止乐段中，它的位置总是在属和弦或属七和弦的前面。

例3-10

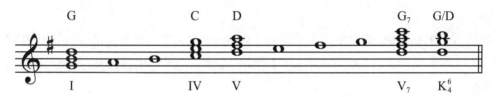

练习：

双手在钢琴的不同音区上，弹奏G大调上正三和弦、属七和弦和终止四六和弦的连接。

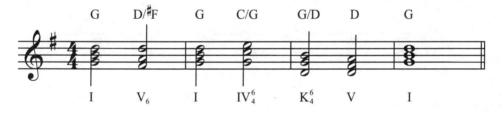

（二）副三和弦

G大调的副三和弦是建立在上主（A）、中（B）、下中（E）、导（#F）音上的小三和弦与减三和弦，和弦标记分别为II、III、VI、VII，也可以用Am、Bm、Em、#Fd字母来表示，副三和弦与正三和弦交替使用，形成对比，使和声色彩变幻丰富。

功能中的副三和弦可以代替正三和弦，单独选用。也可以出现在正三和弦的后面。

例3-11

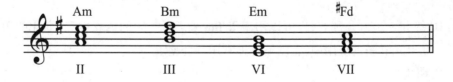

（三）G宫调上的和弦

在中国民族调式中，G大调称为G宫调，G宫调分为五声、六声、七声调式。G宫调上的各级正音为：宫（G）、商（A）、角（B）、徵（D）、羽（E）音。

例 3-12

在 G 宫调的各级音上,可以构成民族调式的和弦,它们分别是:G 宫和弦、A 商和弦、B 角和弦、D 徵和弦、E 羽和弦。

例 3-13

在中国民族音乐的创作中,调式中的和弦会有一些变型,成为非三度叠置的和弦,它们是不协和的,是为了增加和声连接中的色彩。调式中有两个偏音(清角、变宫),也常将偏音置换,使调式和弦出现变化。

1. G 宫和弦。

G 宫调上的 I 级和弦是 G 宫和弦,也可以用字母 G 来表示。它的色彩明亮,呈示调性。在 G 宫和弦的应用中,有以下几种常用的变型。

例 3-14　G 宫和弦

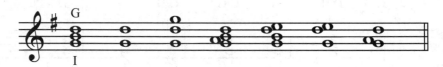

2. A 商和弦。

G 宫调上的 II 级和弦是 A 商和弦,也可以用字母 Am 来表示。它的色彩柔和,在 A 商和弦的应用中,有以下几种常用的变型。

例 3-15　A 商和弦

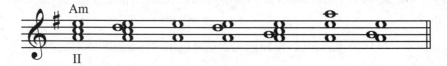

3. B 角和弦。

G 宫调上的 III 级和弦是 B 角和弦,也可以用字母 Bm 来表示。它的色彩柔和,变化的角和弦会产生特殊的音响和色彩。在 B 角和弦的应用中,有以下几种常用的变型。

例 3-16　B 角和弦

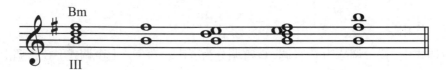

4. D 徵和弦。

G 宫调上的 V 级和弦是 D 徵和弦，也可以用字母 D 来表示。它的色彩明亮，变化后的徵和弦有特殊的音响和色彩。在 D 徵和弦的应用中，有以下几种常用的变型。

例 3-17　D 徵和弦

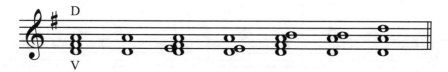

5. E 羽和弦。

G 宫调上的 VI 级和弦是 E 羽和弦，也可以用字母 Em 来表示。它的色彩柔和，变化后的羽和弦有着很好的和声效果。在 E 羽和弦的应用中，有以下几种常用的变型。

例 3-18　E 羽和弦

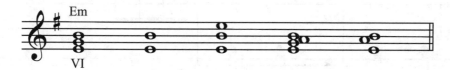

二、和弦织体

和弦织体是和弦的变化形态，也称伴奏音型。歌曲伴奏音型的确定，与歌曲内容的表达有关。以下介绍的伴奏织体是和弦半分解式。

练习：

双手在钢琴上弹奏 G 大调和弦的半分解伴奏织体，注意倾听和弦连接的变化色彩，和记忆和弦织体的键盘位置。

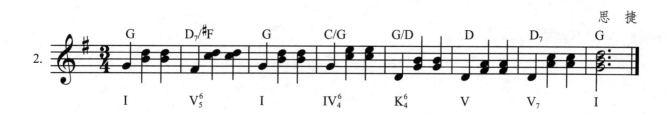

三、键盘上的练习

（一）谱例弹唱

（1）视唱 G 大调旋律与低声部的和弦；（2）分别用"la""li""lu"哼唱旋律；（3）做到有表情地边弹边唱；（4）注意聆听和弦连接的变化色彩。

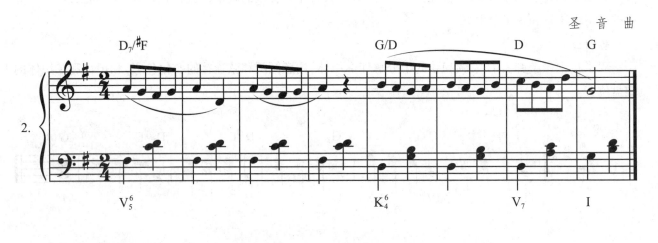

(二)乐曲弹奏

1. 小 袋 鼠

教学提示：左、右手交替弹奏G大调和弦分解的跳音练习，注意休止符的时值。

2. 小　　曲

古利特　曲

教学提示：倾听两声部旋律的歌唱性进行，学习音后踏板的用法。

3. 天使之声

E. 巴蒂斯特 曲

教学提示：注意同音连线音符的节拍时值，聆听四声部旋律的歌唱进行，学习音后踏板的用法。

4. 风 笛

施密德 曲

教学提示：左手弹奏固定低音五度音程，手臂、腕、指用力均匀。把握旋律中连音和跳音的流畅进行。

四、歌曲弹唱

(一) 五线谱上的幼儿歌曲

视唱五线谱上的 C、G 大调幼儿歌曲，按照指定和声与和弦音型，弹奏歌曲，做到有表情地边弹边唱，并在新调上进行移调弹唱：

1. 春 雨

和平 词曲

教学提示：左手注意控制弱拍双音的弹奏力度，在G大调上移调弹唱。

2. 我爱中国

和 平 词曲

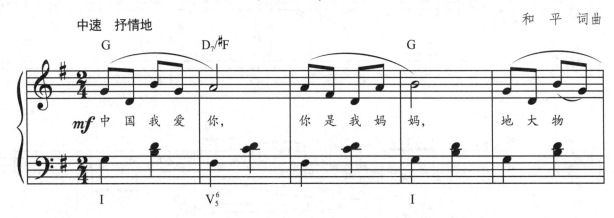

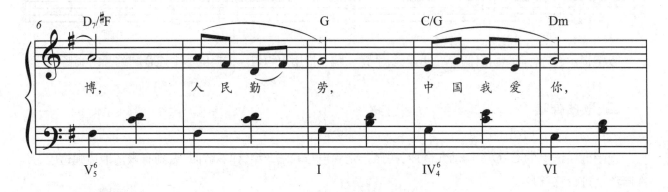

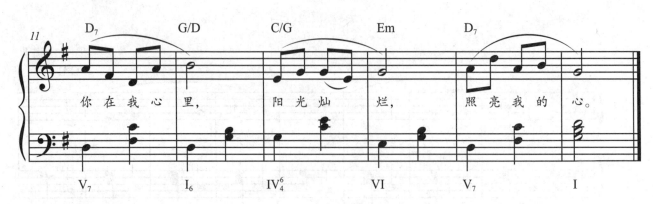

教学提示：注意右手的指法，左手要控制音量，在C大调上移调弹唱。

3. 滑 滑 梯

丹 歌 词曲

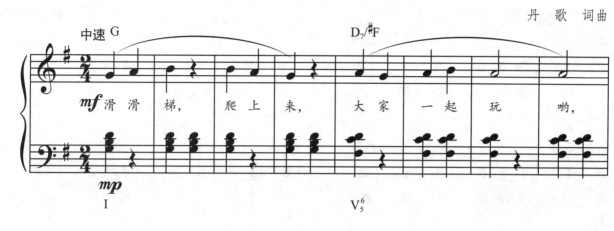

教学提示：左手弹奏和弦时，注意音量的控制和休止符的时值，在 C 大调上移调弹唱。

（二）简谱上的幼儿歌曲

视唱简谱上的 C、G 大调幼儿歌曲，中速地弹唱旋律。按照指定的和声，为歌曲选择适当的伴奏音型，做到有表情地边弹边唱，并在新调上进行移调弹唱：

1. 春 雨

和 平 词曲

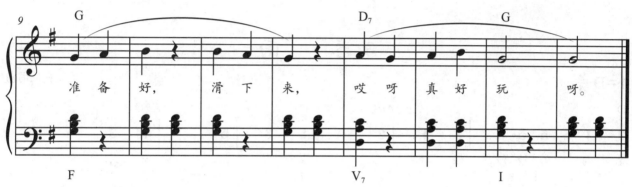

2. 春　雨

和　平　词曲

1=C 2/4

G		D₇/#F	G		G₇/B	

3　1　|5 5　5　|3　1　|2　—　|5　3　5　—　|4　3　|2　—　|

春　雨　沙 沙 沙，轻 轻　飘，　苗 儿　长，　一　片　绿。

I　　　　　　　V₅⁶　　I　　　　　V₅⁶

G		D/#F	G/D		D₇	G

3　1　|5 5　5　|3　1　|2　—　|5　3 3　5　—　|4　2　|1　—　‖

春　雨　沙 沙 沙，轻 轻　飘，　树 芽 儿　发，　随 风　摇。

I　　　　　　　V₆　　K₄⁶　　V₇　　　I

3. 春　雨

和　平　词曲

1=D 2/4

D		A/#C	D		A/#C	

3　1　|5 5　5　|3　1　|2　—　|5　3　|5　—　|4　3　|2　—　|

春　雨　沙 沙 沙，轻 轻　飘，　苗 儿　长，　一　片　绿。

I　　　　　　　V₆　　I　　　　　V₅⁶

D		A/#C	D/G		A/#C	D

3　1　|5 5　5　|3　1　|2　—　|5　3 3　5　—　|4　2　|1　—　‖

春　雨　沙 沙 沙，轻 轻　飘，　树 芽 儿　发，　随 风　摇。

I　　　　　　　V₅⁶　　K₄⁶　　V₅⁶　　I

4. 我爱中国

和　平　词曲

1=G 2/4

G	D₇/#F	G	C/G	D₇/#F	G

1 5̣　3　1　|2　—　|2 7̣　5̣ 2　|3　—　‖:6̣ 1　1 6̣　|1　—　|2 7̣　5̣ 7̣　|1　—　:‖

中 国　我 爱　你，　你 是　我 妈 妈，　地 大　物　博，　你 在　我 心　中。

I　　V₅⁶　　　I　　IV₄⁶　　V₅⁶　　I

5. 我爱中国

和　平　词曲

1=D 2/4

D	A/#C	Bm	G/B	A₇	D

1 5̣　3　1　|2　—　|2 7̣　5̣ 2　|3　—　‖:6̣ 1　1 6̣　|1　—　|2 7̣　5̣ 7̣　|1　—　:‖

中 国　我 爱　你，　你 是　我 妈 妈，　地 大　物　博，　你 在　我 心　中。

I　　V₆　　　VI　　IV₆　　K₄⁶　　V₇　　I

6. 滑 滑 梯

和 平 词曲

1=G 2/4

G			D/#F			
1 2	3 0	3 2	1 0	2 1	2 3	2 -	2 -

滑 滑 梯， 爬 上 来， 大 家 一 起 玩 哟，

I　　　　　　　　　V₆　　　　　　　　　　　　　

G			D₇			G
1 2	3 0	3 2	1 0	2 1	2 3	1 -	1 - ‖

准 备 好， 滑 下 来， 哎 呀 真 好 玩 呀。

I　　　　　　　　　V₇　　　　　　　　　　I

第四节　D大调幼儿歌曲的编配

一、D大调上的常用和弦

（一）正三和弦、属七和弦与终止四六和弦

D大调的正三和弦是建立在主（D）、下属（G）、属（A）音上的大三和弦，和弦标记为 I、IV、V，用 D、G、A 字母来表示键盘位置，正三和弦色彩明亮。

D大调的属七和弦是建立在属音（A）上的七和弦，和弦标记为 V_7，可以用 A_7 来表示。属七和弦的色彩丰富，具有不稳定性，与主和弦连接，出现在乐段的终止中。

D大调的终止四六和弦是建立在属音（A）上的四六和弦，和弦标记为 K_4^6，也可以用 A/D 来表示。通常，出现在终止乐段中，它总是出现在属和弦或属七和弦的前面。

例 3-19

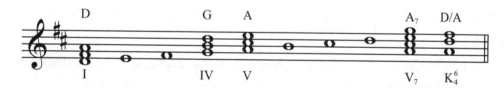

练习：

双手在钢琴的不同音区上，弹奏D大调上正三和弦、属七和弦和终止四六和弦的连接。

（二）副三和弦

D大调的副三和弦是建立在上主（E）、中（#F）、下中（B）、导（#C）音上的小三和弦与减三和弦，和弦标记分别为 II、III、VI、VII，也可以用 Em、#Fm、Bm、#Cd 字母来表示，副三和弦与正三和弦交替使用，形成对比，使和声的色彩变幻丰富。

功能中的副三和弦可以代替正三和弦，单独选用。也可出现在正三和弦的后面。

例 3-20

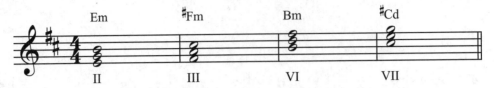

(三) D 宫调上的和弦

在中国民族调式中，D 大调称为 D 宫调，D 宫调分为五声、六声、七声调式。D 宫调上的各级正音为：宫(D)、商(E)、角(#F)、徵(A)、羽(B)音。

例 3-21

在 D 宫调的各级音上，可以构成民族调式的和弦，它们分别是：D 宫和弦、Em 商和弦、#Fm 角和弦、A 徵和弦、Bm 羽和弦。

例 3-22

在中国民族音乐的创作中，调式中的和弦会有一些变型，成为非三度叠置的和弦，它们是不协和的，增加了和声连接中的色彩。调式中有两个偏音（清角、变宫），常会将偏音置换，使调式和弦出现变化。

1. D 宫和弦。

D 宫调上的 I 级和弦是 D 宫和弦，也可以用字母 D 来表示。它的色彩明亮，呈示调性。在 D 宫和弦的应用中，有以下几种常用的变型。

例 3-23 D 宫和弦

2. E 商和弦。

D 宫调上的 II 级和弦是 E 商和弦，也可以用字母 Em 来表示。它的色彩柔和，在 E 商和弦的应用中，有以下几种常用的变型。

例 3-24 E 商和弦

3. ♯F 角和弦。

D 宫调上的 III 级和弦是 ♯F 角和弦，也可以用字母 ♯Fm 来表示。它的色彩柔和，变化的角和弦会产生特殊的音响和色彩。在 ♯F 角和弦的应用中，有以下几种常用的变型。

例 3-25　♯F 角和弦

4. A 徵和弦。

D 宫调上的 V 级和弦是 A 徵和弦，也可以用字母 A 来表示。它的色彩明亮，变化后的徵和弦有特殊的音响和色彩。在 A 徵和弦的应用中，有以下几种常用的变型。

例 3-26　A 徵和弦

5. B 羽和弦。

D 宫调上的 VI 级和弦是 B 羽和弦，也可以用字母 Bm 来表示。它的色彩柔和，变化后的羽和弦有着很好的和声效果。在 B 羽和弦的应用中，有以下几种常用的变型。

例 3-27　B 羽和弦

二、和弦织体

和弦织体是和弦的变化形态，也称伴奏音型。歌曲伴奏音型的确定，与歌曲内容的表达有关。以下介绍的伴奏织体是和弦半分解式。

练习：

双手在钢琴上弹奏 D 大调和弦的全分解伴奏织体，注意倾听和弦连接的变化色彩，和记忆和弦织体的键盘位置。

三、键盘上的练习

(一)谱例弹唱

(1)视唱 D 大调旋律与低声部的和弦;(2)分别用 "la" "li" "lu" 哼唱旋律;(3)做到有表情地边弹边唱;(4)注意聆听和弦连接的变化色彩。

(二)乐曲弹奏

1. 小 板 车

教学提示：双手弹奏 D 大调上正三和弦的变化织体，注意聆听和声连接的变化色彩，学习音后踏板的用法。

2. 蔷薇花开

教学提示：双手弹奏和弦全分解琶音，把握旋律的流畅进行，学习音后踏板的用法。

3. D 音上的旋律

教学提示：双手弹奏音阶上下行的旋律，把握乐句中三、六度和声旋律的流畅进行。

4. 雪 绒 花

罗杰斯 曲
圣音 编曲

雪绒花，雪绒花，每天清晨迎接我。

小而白，纯又美，总很高兴遇见我。

教学提示：学习 $\frac{6}{8}$ 拍歌曲的弹奏，把握节奏韵律，低声部全分解伴奏要控制音量。

5. 送 别

[美]奥特威 曲
李叔同 词
思 捷 编曲

教学提示：有表情地边弹边唱，注意控制低声部全分解伴奏织体的音量。

四、歌曲弹唱

（一）五线谱上的幼儿歌曲

学习弹奏 D 大调上的幼儿歌曲，做到边弹边唱：

1. 布 谷 鸟

丹 歌 词曲

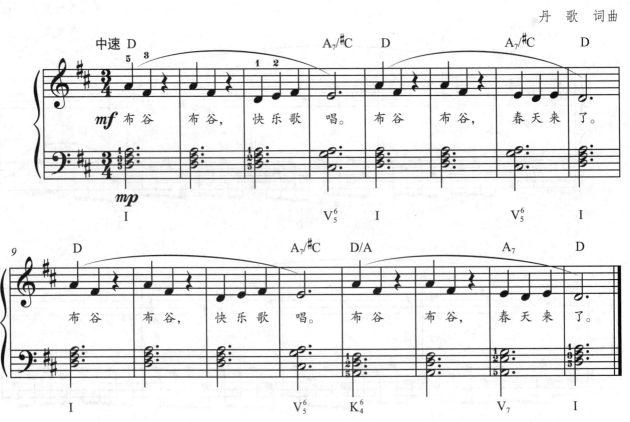

教学提示：学习 D 大调上柱式和弦，注意把握旋律中第三拍的休止符时值，做到边弹边唱。

2. 小 歌 手

和平 词曲

教学提示：学习把握附点节奏的时值，左手弹奏全分解和弦的伴奏织体，要控制手指弹奏的力度。

3. 牧 羊 女

捷克民歌
和平 填词编曲

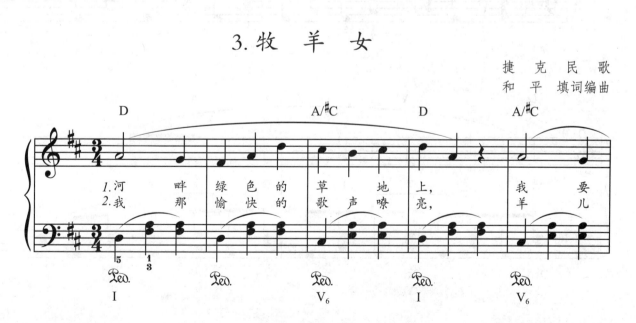

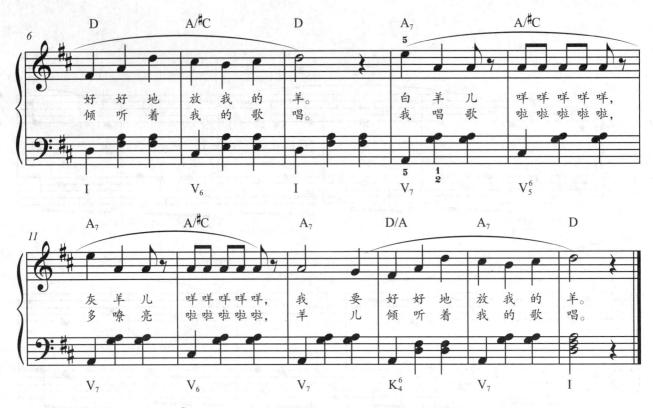

教学提示：学习D大调 3/4 拍节奏的儿童歌曲，注意旋律中的四、八分休止时值。

4. 摇 篮 曲

舒伯特 曲

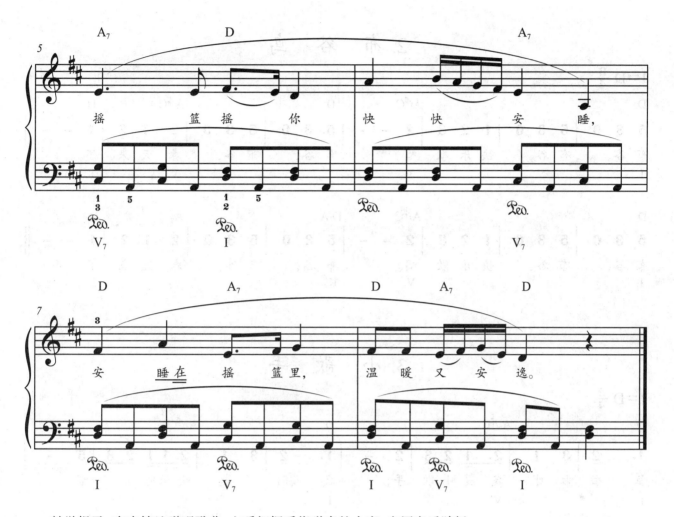

教学提示：有表情地弹唱歌曲，左手把握手指弹奏的力度，应用音后踏板。

(二)简谱上的幼儿歌曲

(1)双手弹奏 D 大调上儿歌的旋律，边弹边唱；(2)双手弹奏儿歌上方的和弦，一小节一个柱式和弦，有表情地边弹边唱；(3)为儿歌选择一个伴奏音型，双手弹奏，做到边弹边唱；(4)在 C、G 大调上移调弹唱，注意旋律在不同调上的键盘位置。

1. 布 谷 鸟

和 平 词曲

$1=D$ $\dfrac{3}{4}$

D		$A_7/{}^\sharp C$	D		$A_7/{}^\sharp C$	D
5 3 0	5 3 0	1 2 3	2 − −	5 3 0	5 3 0	2 1 2 1	1 − −
布谷，	布谷，	快乐歌唱。		布谷，	布谷，	春天来了。
I		V_5^6	I		V_5^6	I

D		$A_7/{}^\sharp C$	D/A		A_7	D
5 3 0	5 3 0	1 2 3	2 − −	5 3 0	5 3 0	2 1 2 1	1 − −
布谷，	布谷，	快乐歌唱。		布谷，	布谷，	春天来了。
I		V_5^6	K_4^6		V_7	I

2. 布谷鸟

1=D 3/4　　　　　　　　　　　　　　　　　　　　　　　　和平 词曲

D		A/#C	D		A/#C	D

5 3 0 | 5 3 0 | 1 2 3 | 2 - - | 5 3 0 | 5 3 0 | 2 1 2 | 1 - - |
布谷，　布谷，　快乐歌唱。　布谷，　布谷，　春天来了。
I　　　　　　　　V_6　　　I　　　　　　　V_6　　　I

D		A/#C	D/A		A_7	D

5 3 0 | 5 3 0 | 1 2 3 | 2 - - | 5 3 0 | 5 3 0 | 2 1 2 | 1 - - ‖
布谷，　布谷，　快乐歌唱。　布谷，　布谷，　春天来了。
I　　　　　　　　V_6　　K_4^6　　　　　　　V_7　　　I

3. 小 歌 手

1=D 2/4　　　　　　　　　　　　　　　　　　　　　　　　和平 词曲

D	A_7/#C	D	A_7/#C

1. 2 | 3 1 | 2. 1 2 3 | 2 - | 1. 2 | 3 1 | 2 1 1 2 3 | 5 - |
啦　啦啦啦，我是小歌手，　我　们一起 欢乐地歌　　唱，
I　　　　　V_5^6　　　　I　　　　　　V_5^6

D	A_7/#C	D/A	A_7	D

5 3. 3 | 5 2 | 5. 4 5 6 | 5 - | 5 3 | 5 1 | 2. 2 2 3 | 1 - ‖
手拉着手儿，歌唱祖国，　啦啦啦啦，歌唱祖　国。
I　　　V_5^6　　　　　　K_4^6　　　　V_7　　　I

4. 小 歌 手

1=D 2/4　　　　　　　　　　　　　　　　　　　　　　　　和平 词曲

D	Dm/B	A/#C	D	Dm/B	A/#C

1. 2 | 3 1 | 2. 1 2 3 | 2 - | 1. 2 | 3 1 | 2 1 1 2 3 | 5 - |
啦　啦啦啦，我是小歌手，　我　们一起 欢乐地歌　　唱，
I　　　　　II_4^6　V_6　I　　　　　II_4^6　　V_6

D	A/#C	D/A	A_7	D

5 3. 3 | 5 2 | 5. 4 5 6 | 5 - | 5 3 | 5 1 | 2. 2 2 3 | 1 - ‖
手拉着手儿，歌唱祖国，　啦啦啦啦，歌唱祖　国。
I　　　V_6　　　　　　K_4^6　　　　V_7　　　I

5. 喇 叭 花

丹 歌 词曲

1=D 2/4

D	#F/#C	D	A/#C		Bm	A₇	D
3 5 5 3	3 5 5	3 5 1 3	5 -	2 3 5	6 5 3	2 3 5 5	3 2 1 ‖

篱笆上有喇叭花，绿叶向上爬，红的花，黄的花，喇叭花儿爬满墙。

I　　　III$_4^6$　　I　　V$_6$　　　VI　　V$_7$　　I

6. 小 雨

和 平 词曲

1=D 2/4

D	A/#C	Bm/D	D/A	A	D
5 3	5 3	5 6 5 5	3 0	5 3 5 1	2 3 2 2	1 0 ‖

滴答，滴答，小雨轻轻落。滴答，滴答，小苗喝水了。

I　　V$_6$　　VI$_6$　　K$_4^6$　　V　　I

7. 蝴 蝶

和 平 词曲

1=D 3/4

D	Em/B	D	A/#C	#Fm/#C	D/A	A₇	D
1 2 3 3	2 3 4 4	3 1 2 5	3 - -	1 2 3 3	2 3 4 4	2 3 2 2	1 - - ‖

两只蝴蝶，一前一后，飞呀飞来了。采采花蜜，一上一下，两只花蝴蝶。

I　　II$_4^6$　　I　　V$_6$　　III$_4^6$　　K$_4^6$　　V$_7$　　I

8. 蝴 蝶

和 平 词曲

1=D 3/4

D	Em/B	D	A/#C	Bm/D	D	Em/B	A	D
1 2 3 3	2 3 4 4	3 1 2 5	3 - -	1 2 3 3	2 3 4 4	2 3 2 2	1 - - ‖

两只蝴蝶，一前一后，飞呀飞来了。采采花蜜，一上一下，两只花蝴蝶。

I　　II$_4^6$　　I　　V$_6$　　VI$_6$　　I　　II$_4^6$　　V　　I

第四章　F、♭B大调幼儿歌曲的编配与弹唱

第一节　F大调幼儿歌曲的编配

一、F大调上的常用和弦

（一）正三和弦、属七和弦与终止四六和弦

F大调的正三和弦是建立在主（F）、下属（♭B）、属（C）音上的大三和弦，和弦标记为Ⅰ、Ⅳ、Ⅴ，也可以用F、♭B、C字母来表示，正三和弦色彩明亮。

F大调的属七和弦是建立在属音（C）上的七和弦，和弦标记为V_7，也可以用C_7来表示。属七和弦的色彩丰富，具有不稳定性，与主和弦连接，出现在乐段的终止中。

F大调的终止四六和弦是建立在属音（C）上的四六和弦，和弦标记为K_4^6，也可以用C/F来表示。通常，出现在终止乐段中，它总是出现在属和弦或属七和弦的前面。

例4-1

练习：

双手在钢琴的不同音区上，弹奏F大调上正三和弦、属七和弦和终止四六和弦的连接。

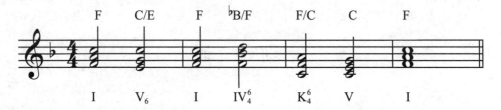

（二）副三和弦

F大调的副三和弦是建立在上主（G）、中（A）、下中（D）、导（E）音上的小三和弦与减三和弦，和弦标记分别为Ⅱ、Ⅲ、Ⅵ、Ⅶ，也可以用字母Gm、Am、Dm、Ed来表示，副三和弦与正三和弦交替使用，形成对比，使和声色彩变幻丰富。

功能中的副三和弦可以代替正三和弦，单独选用，也可以出现在正三和弦的后面。

例4-2

(三)F宫调上的和弦

在中国民族调式中,F大调称为F宫调,F宫调分为五声、六声、七声调式。F宫调上的各级正音为:宫(F)、商(G)、角(A)、徵(C)、羽(D)。

例4-3

在F宫调的各级音上,可以构成民族调式的和弦,它们分别是:F宫和弦、Gm商和弦、Am角和弦、C徵和弦、Dm羽和弦。

例4-4

在中国民族音乐的创作中,调式中的和弦会有一些变型,成为非三度叠置的和弦,它们是不协和的,增加了和声连接中的色彩。调式中有两个偏音(清角、变宫),也常将偏音置换,使调式和弦出现变化。

1.F宫和弦。

F宫调上的I级和弦是F宫和弦,也可以用字母F来表示。它的色彩明亮,呈示调性。在F宫和弦的应用中,有以下几种常用的变型。

例4-5 F宫和弦

2.G商和弦。

F宫调上的II级和弦是G商和弦,也可以用字母Gm来表示。它的色彩柔和,在G商和弦的应用中,有以下几种常用的变型。

例4-6 G商和弦

3.A角和弦。

F宫调上的III级和弦是A角和弦,也可以用字母Am来表示。它的色彩柔和,变化的角和弦会产生特殊的音响和色彩。在A角和弦的应用中,有以下几种常用的变型。

例4-7 A角和弦

4. C 徵和弦。

F 宫调上的 V 级和弦是 C 徵和弦,也可以用字母 C 来表示。它的色彩明亮,变化后的徵和弦有特殊的音响和色彩。在 C 徵和弦的应用中,有以下几种常用的变型。

例 4-8 C 徵和弦

5. D 羽和弦。

F 宫调上的 VI 级和弦是 D 羽和弦,也可以用字母 Dm 来表示。它的色彩柔和,变化后的羽和弦有着很好的和声效果。在 D 羽和弦的应用中,有以下几种常用的变型。

例 4-9 D 羽和弦

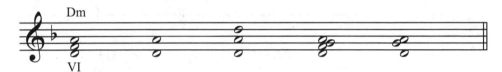

二、和弦织体

和弦织体是和弦的变化形态,俗称伴奏音型。歌曲伴奏音型的变化,与歌曲内容、形象的表达有关,常用的伴奏织体有立柱式、和弦半分解式与和弦全分解式(琶音型)。

练习:

双手在钢琴上弹奏 F 大调和弦的全分解伴奏音型,注意倾听和弦连接的变化色彩,记忆和弦织体的键盘位置。

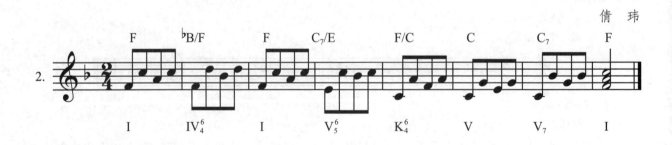

三、键盘上的练习

(一)谱例弹唱

(1)视唱 F 大调旋律与低声部的和弦;(2)分别用 "la" "li" "lu" 哼唱旋律;(3)有表情地边弹边唱;(4)聆听和弦连接的变化色彩。

(二)乐曲弹奏

1. F音上的摇摆和弦

和平曲

教学提示：双手弹奏F大调主和弦原位与转位半分解伴奏音型，双音的触键要做到力度的均匀传递。

2. 轻柔的和声

和平曲

教学提示：双手弹奏F大调上主、属、下属和弦全分解琶音，要做到手指力度的均匀转换，学习音后踏板的用法。

3. 小步舞曲

卡巴列夫斯基 曲
Op.39, No.9

教学提示：F大调上的和弦跳音练习，把握休止符的时值。

4. 稻 草 人

洪佩尔丁克 曲

教学提示：弹奏 3/8 拍的旋律，把握节奏韵律和双音跳音的触键方法。

5. 故乡的亲人

福斯特 曲

教学提示：有表情地弹奏全曲，注意旋律与伴奏声部的歌唱性。

四、歌曲弹唱

（一）五线谱上的幼儿歌曲

视唱五线谱上的 F 大调幼儿歌曲，按照指定和声与和弦音型，弹奏歌曲，做到有表情地边弹边唱：

1. 小 草 堆

和平 词曲

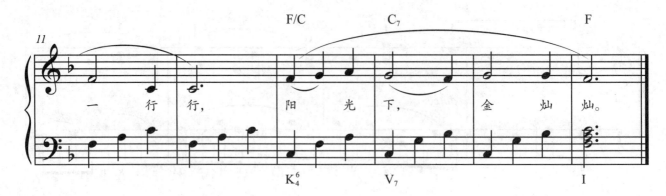

教学提示：左手弹奏全分解伴奏音型，注意控制手指触键的力度。

2. 小绵羊

和平 词曲

教学提示：有表情地弹唱歌曲，在 C、D 大调上移调弹唱，注意把握键盘位置。

3. 拍拍踏踏

美国儿歌
圣音 编曲

教学提示：有表情地边弹边唱，左手弹奏半分解织体的伴奏要控制力度。

4. 玩具进行曲

教学提示：有表情地边弹边唱，把握跳音弹奏的触键方法，注意休止符的时值。

5. 五只小鸭

美国儿歌
和平 填词编曲

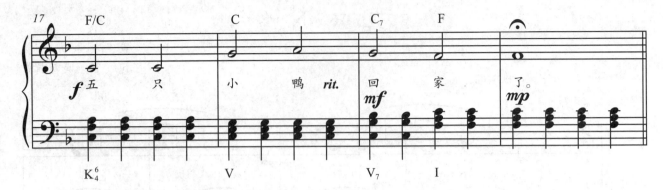

教学提示：左手弹奏双音要注意控制音量，注意键盘的变化位置，学习踏板用法。

6. 春来了

和平 词曲

(二)简谱上的幼儿歌曲

（1）双手弹奏 F 大调上儿歌的旋律，边弹边唱；（2）双手弹奏儿歌上方的和弦，一小节一个柱式和弦，有表情地边弹边唱；（3）为儿歌选择一个伴奏音型，双手弹奏，做到边弹边唱；（4）在 C、G 大调上移调弹唱，注意旋律在不同调上的键盘位置。

1. 小 草 堆

和平 词曲

1=F 3/4

F						C/E		
1 - 3	3 - -	1 - 5̣	5̣ - -	1 2 3	2 - 1	2 2 2	5 - -
小 草 堆，	田 里 摆，	风 吹 草	堆 不 摇 不 晃。

I　　　　　　　　　　　　　　　　　V_5^6

F　　　　　　　　　　　　　　　　C/E　　　　　　　　　　　F
| 1 - 3 | 3 - - | 1 - 5̣ | 5̣ - - | 1 2 3 | 2 - 1 | 2 - 2 | 1 - - ‖
一　排　排，　一　行　行，　阳　光　下，　金　灿　灿。
I　　　　　　　　　　　　　　　　V⁶₅　　　　　　　　　　　I

2. 小 草 堆

1=F 3/4　　　　　　　　　　　　　　　　　　　　　　　和平 词曲

F　　　　　　　　　　　　Am/F　　　Gm　　　　　　G/E
| 1 - 3 | 3 - - | 1 - 5̣ | 5̣ - - | 1 2 3 | 2 - 1 | 2 2 2 | 5 - - |
小　草　堆，　田　里　摆，　风　吹　草　堆　不　摇　不　晃。
I　　　　　　　　　　　　　VI₆　　　II　　　　　　V⁶₅

F　　　　　　　　　　　　F/C　　　C₇　　　　　　F
| 1 - 3 | 3 - - | 1 - 5̣ | 5̣ - - | 1 2 3 | 2 - 1 | 2 - 2 | 1 - - ‖
一　排　排，　一　行　行，　阳　光　下，　金　灿　灿。
I　　　　　　　　　　　　　K⁶₄　　　V₇　　　　　　I

3. 小 草 堆

1=F 3/4　　　　　　　　　　　　　　　　　　　　　　　和平 词曲

F　　　　　　C/E　　　Dm　　　Gm/D　　　G/E
| 1 - 3 | 3 - - | 1 - 5̣ | 5̣ - - | 1 2 3 | 2 - 1 | 2 2 2 | 5 - - |
小　草　堆，　田　里　摆，　风　吹　草　堆　不　摇　不　晃。
I　　　　　　V₆　　　VI　　　II⁶₄　　　V₆

F　　　　　　　　　　　　F/C　　　C　　　　　　F
| 1 - 3 | 3 - - | 1 - 5̣ | 5̣ - - | 1 2 3 | 2 - 1 | 2 - 2 | 1 - - ‖
一　排　排，　一　行　行，　阳　光　下，　金　灿　灿。
I　　　　　　　　　　　　　K⁶₄　　　V　　　　　　I

4. 小 绵 羊

1=F 3/4　　　　　　　　　　　　　　　　　　　　　　　和平 词曲

F　　　　　C/E　　　F　　　　Dm/F　　　C/E
| 1 - 5̣ | 5̣ - - | 1 2 3 | 2 - - | 1 - 5̣ | 1 - 2 | 3 2 1 | 2 - - |
咩　咩　咩，　小　羊　来　了，　一　只　两　只，　好　大　一　群。
I　　　　　V₆　　　I　　　　VI₆　　　V₆

F　　　　　　　　C/E　　F/C　　C　　　　　　F
| 3 - 2 | 3 - - | 3 2 1 | 5̣ - - | 5̣ 1 1 | 2 2 2 | 2 - 1 | 1 - - ‖
蓝　天　下，　草　原　上，　可　爱　的　小　绵　羊　走　来　了。
I　　　　　　　　V₆　　　K⁶₄　　V　　　　　　I

5. 小绵羊

和平 词曲

1=F 3/4

| F | | C₇/E | F | Dm/F | Gm/D |

1 - 5̣ | 5̣ - - | 1 2 3 | 2 - - | 1 - 5̣ | 1 - 2 | 3 2 1 | 2 - - |

咩　咩咩，　　小羊来　了，　一　　只　两只，好大一　群。

I　　　　　　　V⁶₅　　　I　　　　　　VI₆　　　II⁶₄

| F | | C₇/E | F/C | C₇ | F |

3 - 2 | 3 - - | 3 2 1 | 5̣ - - | 5̣ 1 1 | 2 2 2 | 2 - 1 | 1 - - ‖

蓝　天下，　　草原　上，　可爱的　小绵羊　走　来了。

I　　　　　　　V⁶₅　　　K⁶₄　　　V₇　　　I

6. 春来了

和平 词曲

1=F 3/4

中速 抒情地

| F | ♭B/F | F | C₇/E | F/C | | C₇ | F |

3 - 5 | 6 - - | 6 5 1 | 2 - - | 1 1 2 | 3 - 5 | 2 2 2 | 1 - - ：‖

春　风吹，　百花盛　开，　柳树儿　绿　了，春天来了。

I　　IV⁶₄　　I　　V⁶₅　　K⁶₄　　　　V₇　　　I

第二节　♭B大调幼儿歌曲的编配

一、♭B 大调上的常用和弦

（一）正三和弦、属七和弦与终止四六和弦

　　♭B 大调的正三和弦是建立在主（♭B）、下属（♭E）、属（F）音上的大三和弦，和弦标记为 I、IV、V，也可以用♭B、♭E、F 字母来表示，正三和弦色彩明亮。

　　♭B 大调的属七和弦是建立在属音（F）上的七和弦，和弦标记为 V₇，也可以用 F₇ 来表示。属七和弦的色彩丰富，具有不稳定性，与主和弦连接，出现在乐段的终止中。

　　♭B 大调的终止四六和弦是建立在属音（F）上的四六和弦，和弦标记为 K⁶₄，也可以用♭B/F 来表示。通常，出现在终止乐段中，它总是出现在属和弦或属七和弦的前面。

例 4-10

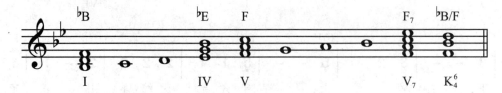

练习：

双手在钢琴的不同音区上，弹奏 ♭B 大调上正三和弦、属七和弦和终止四六和弦的连接。

（二）副三和弦

♭B 大调的副三和弦是建立在上主（C）、中（D）、下中（G）、导（A）音上的小三和弦与减三和弦，和弦标记分别为 Ⅱ、Ⅲ、Ⅵ、Ⅶ，也可以用 Cm、Dm、Gm、Ad 字母来表示，副三和弦与正三和弦交替使用，形成对比，使和声色彩变幻丰富。

功能中的副三和弦可以代替正三和弦，单独选用。也可以出现在正三和弦的后面。

例 4-11

（三）♭B 宫调上的和弦

在中国民族调式中，♭B 大调称为 ♭B 宫调，♭B 宫调分为五声、六声、七声调式。♭B 宫调上的各级正音为：宫（♭B）、商（C）、角（D）、徵（F）、羽（G）音。

例 4-12

在 ♭B 宫调的各级音上，可以构成民族调式的和弦，它们分别是：♭B 宫和弦、Cm 商和弦、Dm 角和弦、F 徵和弦、Gm 羽和弦。

例 4-13

在中国民族音乐的创作中，调式中的和弦会有一些变型，成为非三度叠置的和弦，它们是不协和的，增加了和声连接中的色彩。调式中有两个偏音（清角、变宫），也常将偏音置换，使调式和弦出现变化。

1. ♭B 宫和弦。

♭B 宫调上的 I 级和弦是 ♭B 宫和弦，也可以用字母 ♭B 来表示。它的色彩明亮，呈示调性。在 ♭B 宫和弦的应用中，有以下几种常用的变型。

例4–14 ♭B宫和弦

I

2. C 商和弦。

♭B宫调上的II级和弦是C商和弦,也可以用字母Cm来表示。它的色彩柔和,在C商和弦的应用中,有以下几种常用的变型。

例4–15 C商和弦

II

3. D 角和弦。

♭B宫调上的III级和弦是D角和弦,也可以用字母Dm来表示。它的色彩柔和,变化的角和弦会产生特殊的音响和色彩。在E角和弦的应用中,有以下几种常用的变型。

例4–16 D角和弦

III

4. F 徵和弦。

♭B宫调上的V级和弦是F徵和弦,也可以用字母F来表示。它的色彩明亮,变化后的徵和弦有特殊的音响和色彩。在F徵和弦的应用中,有以下几种常用的变型。

例4–17 F徵和弦

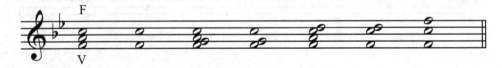

V

5. G 羽和弦。

♭B宫调上的VI级和弦是G羽和弦,也可以用字母Gm来表示。它的色彩柔和,变化后的羽和弦有着很好的和声效果。在G羽和弦的应用中,有以下几种常用的变型。

例4–18 G羽和弦

VI

二、和弦织体

和弦织体是和弦的变化形态,俗称伴奏音型。歌曲伴奏音型的变化,与歌曲内容、形象的表达有关,常用的伴奏织体有立柱式、和弦半分解式与和弦全分解式(琶音型)。

练习:

双手在钢琴上弹奏♭B大调和弦的半分解伴奏音型,倾听和弦连接的变化色彩,记忆和弦变化的键盘位置。

三、键盘上的练习

（一）谱例弹唱

（1）视唱♭B大调旋律与低声部的和弦；（2）分别用"la""li""lu"哼唱旋律；（3）做到有表情地边弹边唱；（4）注意聆听和弦连接的变化色彩。

(二)乐曲弹奏

1. 钟 声

和平曲

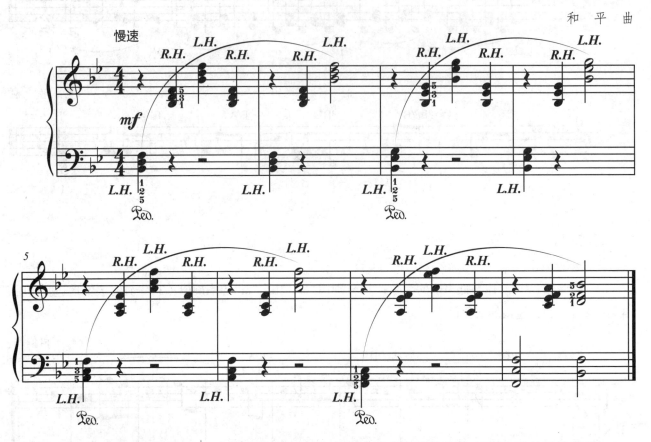

教学提示：左右手交替弹奏 ♭B 大调上的正三和弦，手指触键动作准确灵活，记忆和弦的键盘位置。

2. 海龟的脚印

和平曲

教学提示：双手交替弹奏♭B大调的主、属、下属音上的五音旋律。

3. 柚树花开

和平曲

教学提示：歌唱性地弹奏♭B大调旋律，双手可分别用1指与5指弹奏主音。

4. 变幻的和弦

和 平 曲

教学提示：学习音后踏板的用法，保持旋律的歌唱进行，聆听和声连接的变化色彩。

5. 众人之声

选自《欢乐时光》

亚历山大·坦斯曼 曲

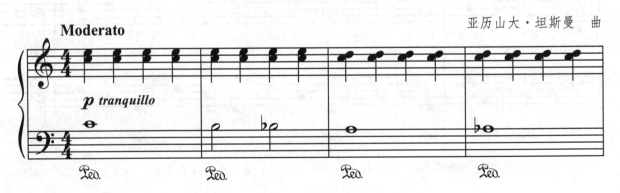

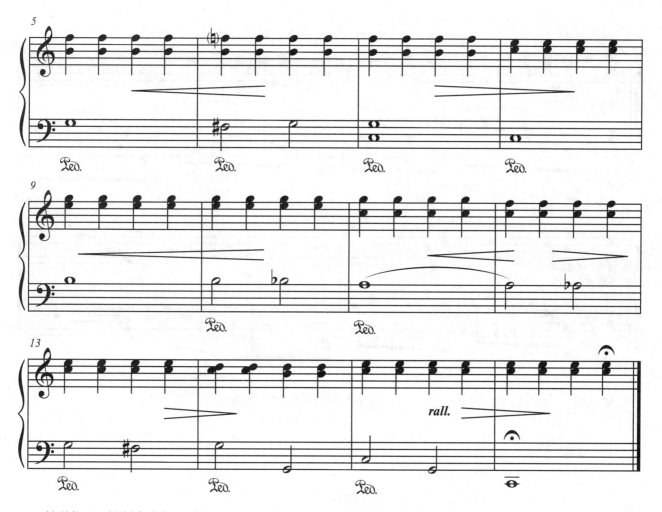

教学提示：控制高声部双音的音量，注意低声部旋律的歌唱进行。

6. 卖花姑娘

圣音 编曲

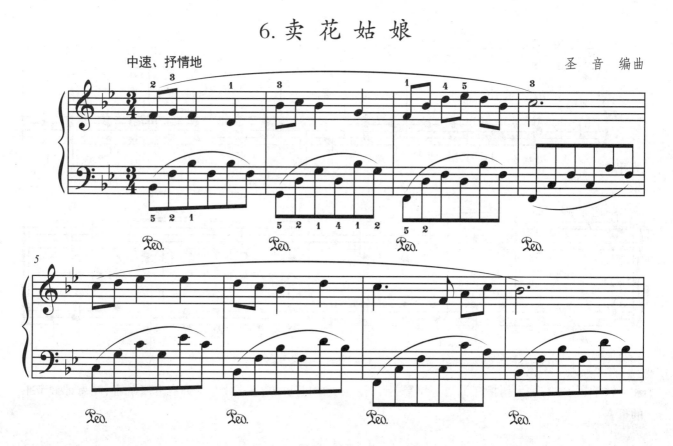

教学提示：有表情地弹奏全曲，左手要把握手指间力量的均匀转换。

四、歌曲弹唱

（一）五线谱上的幼儿歌曲

视唱五线谱上的♭B大调幼儿歌曲，有表情地边弹边唱：

1. 知　　了

和　平　词曲

教学提示：右手大拇指在黑键上弹奏主音，注意旋律进行的歌唱性；左手弹奏五度跳音，注意把握节拍的重音。

2. 五星红旗

教学提示：左手5指弹奏黑键上的主音，把握 4/4 拍的节奏重音。

3. 大海螺

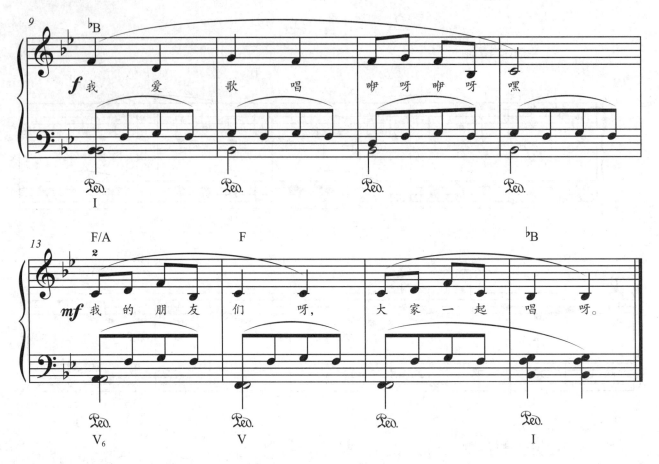

教学提示：有表情地弹唱 ♭B 宫调儿歌，学习音后踏板的用法。

4. 行　进

和平 词曲

教学提示：有表情地弹唱 ♭B 宫调的幼儿歌曲。

(二)简谱上的幼儿歌曲

（1）双手弹奏 ♭B 大调上儿歌的旋律，边弹边唱；（2）双手弹奏儿歌上方的和弦，一小节一个柱式和弦，有表情地边弹边唱；（3）为儿歌选择一个伴奏音型，双手弹奏，做到边弹边唱；（4）在 C、G 大调上移调弹唱，注意旋律在不同调上的键盘位置。

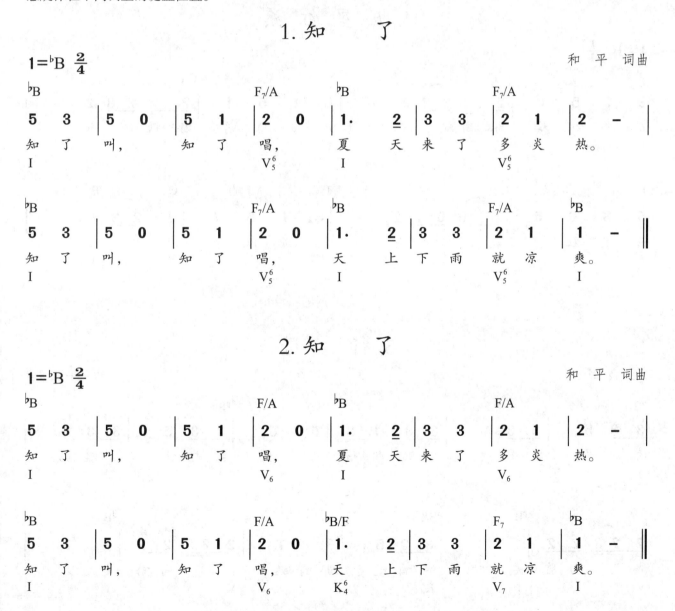

3. 五星红旗

1=♭B 4/4　　　　　　　　　　　　　　　　　　　　和平 词曲

♭B	F₇/A	♭B	F₇/A
3 1 5 1	2. 2 2 3 2 —	3 1 5 1	2. 2 2 3 2 —
五星红旗高高飘扬。		天安门前国歌响起。	
I	V⁶₅	I	V⁶₅

♭B	F₇/A	♭B/F	F₇　　♭B
5 3 6 5	5. 6 5 1 2 —	3 1 5 1	2 2 3 1 —
五星红旗，我爱你，		红旗飘在我心里。	
I	V⁶₅	K⁶₄	V₇　　I

4. 五星红旗

1=F 4/4　　　　　　　　　　　　　　　　　　　　和平 词曲

F	C/E	F	C/E
3 1 5 1	2. 2 2 3 2 —	3 1 5 1	2. 2 2 3 2 —
五星红旗高高飘扬。		天安门前国歌响起。	
I	V₆	I	V₆

F	C/E	F/C	C　　♭B
5 3 6 5	5. 6 5 1 2 —	3 1 5 1	2 2 3 1 —
五星红旗，我爱你，		红旗飘在我心里。	
I	V₆	K⁶₄	V　　I

5. 行　进

1=♭B 2/4　　　　　　　　　　　　　　　　　　　　和平 词曲

♭B		F/A	♭B	
3 3 5	3 3 1	3 3 1 3	5　5	3 3 5	3 3 1
吹起号，	敲起鼓，	大家排好队呀。		抬起头，挺起胸，
I		V₆	I	

F/A	♭B	♭B/F	F	♭B
2 2 3 2 2	1　1	3 3 5	3 3 1	2 2 3 2 2	1　1 ‖
我们向前走呀。		嘀嘀哒 嘀嘀哒		我们向前走呀
V₆	I	K⁶₄		V	I

98

6. 种 树

和平 词曲

$1=$ ♭B $\frac{2}{4}$

♭B	♭E/♭B	♭B	F/A			♭B		F/A		♭B
5 35	6 6	5 6 5 3	2 —	3 5 2 3	5· 3	2 3 2 6	1 —
春 天	到 呀	去 栽 树，		挖 好	坑，	放 树 苗，
I	IV$_4^6$	I	V$_6$	I		V$_6$	I

♭B		F/A		♭B	♭E/♭B	♭B	F/A
3 5 2 3	5· 3	2 3 2 6	1 —	5 35	6 6	5 6 5 3	2 —
啦啦啦啦啦 啦	啦啦啦啦啦			培 培	土 呀，	浇 浇 水，
I		V$_6$	I	I	IV$_4^6$	I	V$_6$

♭B/F		F	♭B	♭B/F		F	♭B
3 2 3	5· 6	3 2	1 —	3 5 2 3	5· 6	3 2	1 —
小 树 小	树 快	快 长。		啦啦啦啦啦	啦啦	啦 啦	
K$_4^6$		V	I	K$_4^6$		V	I

7. 小 蜡 笔

和平 词曲

$1=$ ♭B $\frac{2}{4}$

♭B	F/A	♭B	F/A	♭B	F/A	♭B	F/A	♭E/♭B	F/A
1 2 5 3	2 —	3 1 3	2 —	3 5 2	3 1 2	6· 1 6· 1	2 —
小 蜡 笔，		真 神 奇，		红 色	绿 色，	好 多 颜	色，
I	V$_6$	I	V$_6$	I	V$_6$	IV$_4^6$	V$_6$

♭B	F/A	♭B	F/A	♭B/F		F	
1 2 5 3	2 —	3 1 3	2 —	3 5 2 3	5· 3	2 2	1 —
描 又 描，		涂 又 涂，		画 出 我	的 好	妈 妈。	
I	V$_6$	I	V$_6$	K$_4^6$		V	I

第五章　键盘上的小调音阶

第一节　小调音阶

一、小调的前五音

小调音阶的前五音，从主音开始，各级乐音之间音程距离的排列顺序为：全音、半音、全音、全音，用字母公式表示为：W、H、W、W。

练习：在键盘上学习小调的五指音型的弹奏。在不同主音上，运用小调前五音的排列公式弹奏不同小调音阶的前五音，做到边弹边唱，认识并记忆调性音阶中的不同键盘位置。

（一）升号小调前五音

a、e、b、#f、#c、#g、#d、#a 小调前五音的键盘位置：

例 5-1

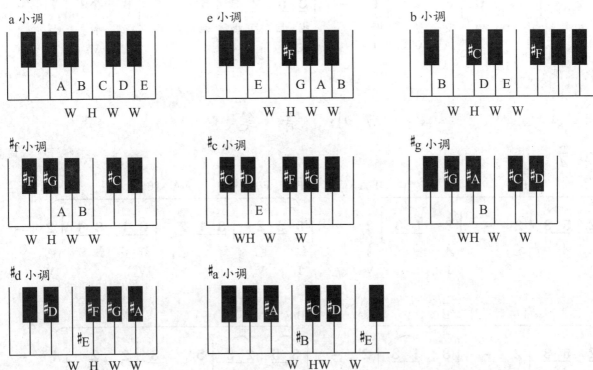

（二）降号小调前五音

d、g、c、f、♭b、♭e、♭a 小调前五音的键盘位置：

例 5-2

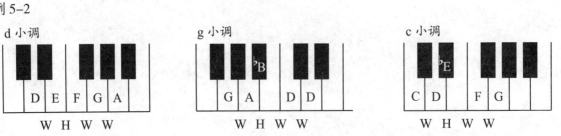

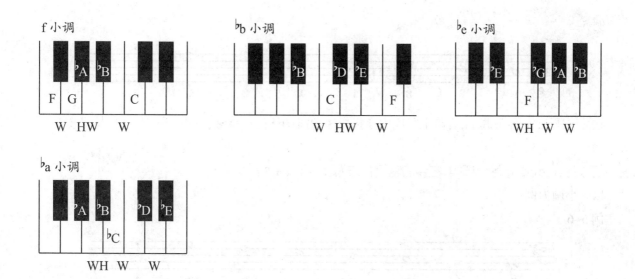

二、小调音阶的构成

在键盘上,小调音阶由八个相距二度音程的乐音组成,乐音之间距离的排列顺序是:全音、半音、全音、全音、半音、全音、全音,通常用字母表示:W、H、W、W、H、W、W。以 a 小调为例:

例 5-3

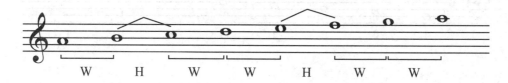

在小调音阶上,可以分成两个相等的四音组合,称为小调上的四音音列。小调上,两个四音音列之间的距离,相隔一个全音(W)。双手应用四音列指法,由主音到主音,由下而上,即可弹奏小调音阶。以 a 小调为例:

例 5-4

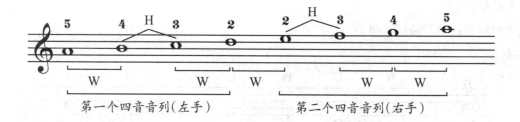

左手的四音列指法是:**5、4、3、2**;右手的四音列指法是:**2、3、4、5**。

练习:应用双手的四音列指法,学习弹奏小调音阶,在小调的不同主音上,弹奏各调的音阶。做到边弹边唱,认识并记忆调性音阶中的不同键盘位置。

三、音阶弹奏中的指法

在音阶弹奏中,常用穿指与跨指的指法,将乐音连贯弹奏。

(一)在 a、e、b、d、g 各小调中,右手的常用指法为:**1 2 3 1 2 3 4 5**。

以 a 小调为例:

101

例 5-5

在 a、e、b、d、g 各小调中,音阶上行应用穿指指法,音阶下行应用跨指指法,手腕注意保持平衡。

(二)在 a、e、d、g 各小调中,左手的常用指法为:5 4 3 2 1 3 2 1。

以 a 小调为例:

例 5-6

音阶上行应用跨指指法,音阶下行应用穿指指法,手腕注意保持平衡。

(三)b 小调左手的指法为:4 3 2 1 4 3 2 1。

例 5-7

第二节　认识简谱

一、简谱上的音阶

在 a 小调中,调号用 1=C 来表示,数字($\dot{6}$、$\dot{7}$、1、2、3、4、5、6)与圆点(．)表示音阶中的各级音高,圆点在数字的上方($\dot{1}$)表示高八度,圆点在数字的下方($\dot{6}$)表示低八度。在小调中,调性的三音(do)用数字 1 表示,与大调的主音相同。

a 小调音阶(五线谱与简谱对照):

例 5-8

音名	A	B	C	D	E	F	G	A
简谱	$\dot{6}$	$\dot{7}$	1	2	3	4	5	6
唱名	la	si	do	re	mi	fa	sol	la
音级	I	II	III	IV	V	VI	VII	I

从以上谱例可以看出,在简谱中,音阶的音级和唱名与五线谱相同,音级可用罗马数字表示,音阶上各音所构成的和弦级数的表示,也与五线谱相同。

二、简谱上的旋律表述

在简谱中,表述音乐旋律时,不同调性的同一旋律,只要更换调号,即可用阿拉伯数字来表达旋律的音高。记谱时,用线和点来表示旋律中的节奏和音高。调号与节拍用数字和字母表示。而在五线谱中,不同调性的同一旋律记谱时,在更换调号的同时,都必须变化旋律音在五线谱上的位置。

以下为带节奏音高的小调简谱谱例:

1. 1=C 2/4 6 7 1 2 | 3 3 | 3 2 1 2 | 3 - ‖

2. 1=G 3/4 3 1 1 | 3 1 1 | 2 3 1 | 2 - - ‖

3. 1=G 3/4 6 1 3 | 5 3 3 | 6 1 2 | 6 - - ‖

4. 1=D 4/4 6 5 6 5 | 6 5 3 - | 6 5 6 5 | 6 - 6 - ‖

5. 1=F 4/4 3 5 3 6 | 3 6 1 - | 3 5 1 6 | 1 - 6 - ‖

6. 1=♭B 2/4 2 3 2 3 | 1 6 | 2 3 1 6 | 6 - ‖

7. 1=F 2/4 6 3 3 1 3 | 6 1 | 6 3 3 1 3 | 6 6 ‖

8. 1=D 2/4 6 3 5 | 6 3 5 | 3 5 5 3 | 6 6 ‖

9. 1=♭B 2/4 5 3 5 6 5 3 | 5 3 5 6 1 | 6 1 6 6 | 1 6 6 ‖

10. 1=G 2/4 6 7 1 2 3 | 3 2 1 7 6 | 2 2 1 2 | 6 1 6 ‖

以上谱例移调时,只要更换调号,就可以自然表达任何调性的旋律。

第三节 键盘上的练习

一、小调上的五音练习

练 习 一

103

练习四

练习五

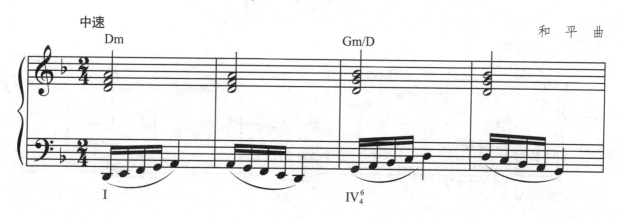

二、乐曲

双手有表情地弹奏小调乐曲,做到边弹边唱。

1. 五音上的旋律

和 平 曲

教学提示:学习弹奏 A、D、E 音上的小调五音旋律。

2. 彩 球

和 平 曲

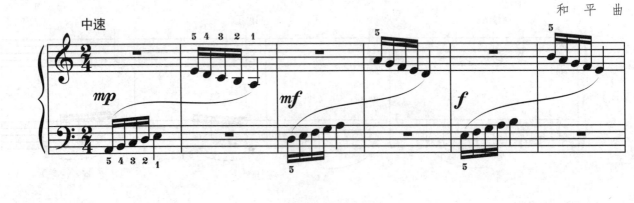

教学提示:a 小调的十六分音符的五音小曲,注意旋律的流畅性。

3. 山谷的回音

丹歌 曲

教学提示：双手流畅地交替弹奏 a 小调上的旋律。

4. 快乐的时光

F. 克拉克 曲

教学提示：学习弹奏 a 和声小调的小曲。

5. 晨 歌

黄虎威 曲

教学提示：学习弹奏 a 羽调上的小曲。

第四节 键盘上的弹唱活动

一、谱例弹唱

（一）五线谱上的幼儿歌曲

视唱五线谱上的小调幼儿歌曲，按照指定和声与和弦音型，弹奏歌曲，做到有表情地边弹边唱，并在新调上进行移调弹唱。

教学提示：弹奏 a 小调上的儿童歌曲，左手弹奏半分解和弦音型，要控制力度。

2. 火 车

和平 词曲

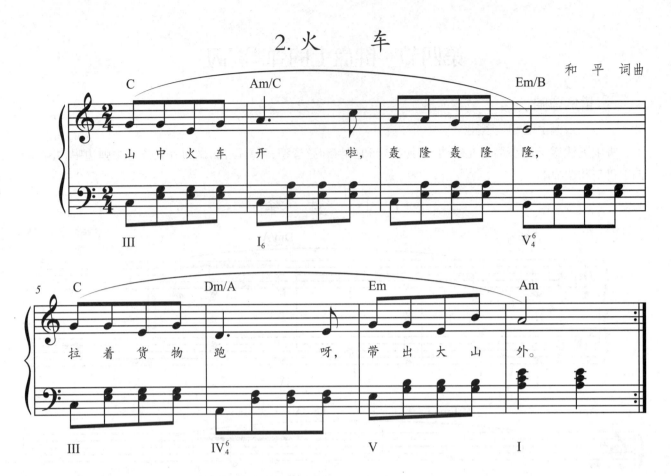

教学提示：弹奏 a 小调上的儿童歌曲，边弹边唱。

3. 风 车

和平 词曲

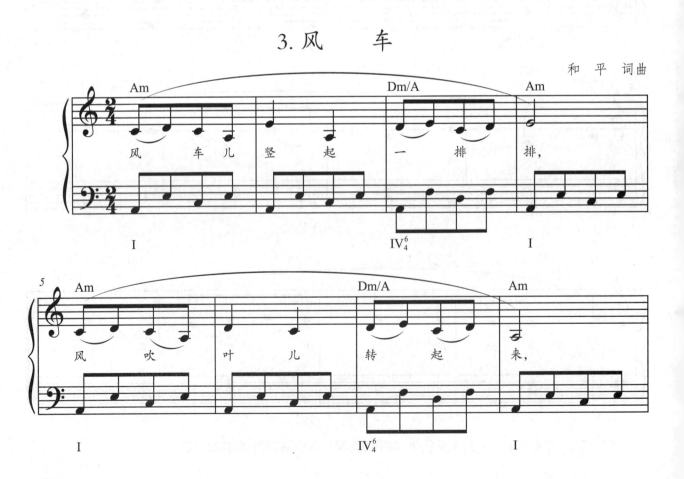

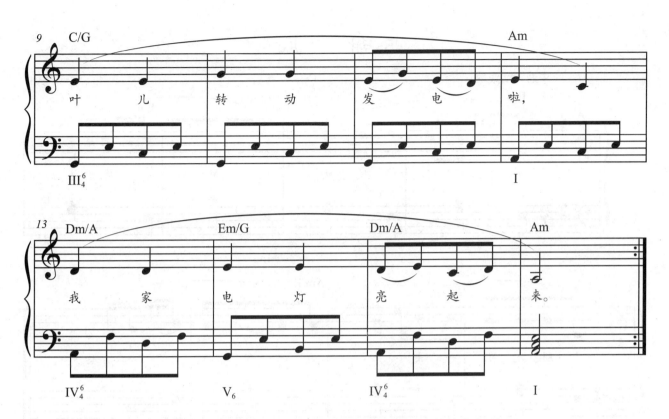

教学提示：弹奏 a 小调上的儿童歌曲，左手歌唱地弹奏全分解和弦的伴奏音型。

4. 摇 篮 曲

怡 婧 词曲

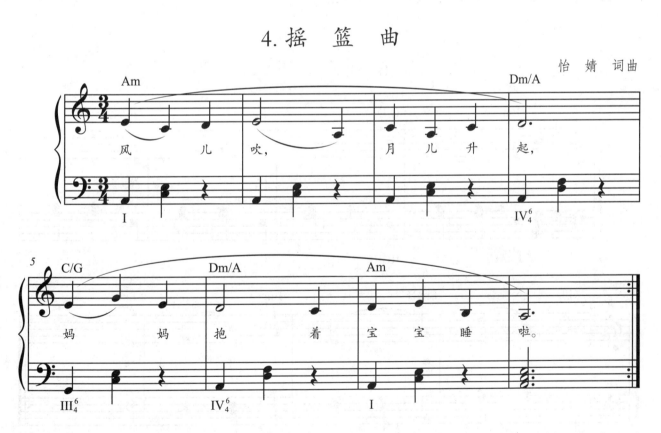

教学提示：弹奏 a 小调上的儿童歌曲，左手弹奏半分解和弦的伴奏音型，要注意第三拍上的四分休止时值。

5. 甜 瓜

教学提示：弹奏e小调上的儿童歌曲，做到边弹边唱。

6. 树 下

教学提示：弹奏e小调上的儿童歌曲，把握 $\frac{3}{4}$ 拍的节拍韵律，左手弹奏双音，要控制力度。

二、简谱幼儿歌曲编配

（1）双手弹奏小调上儿歌的旋律，边弹边唱；（2）双手弹奏儿歌上方的和弦，一小节一个柱式和弦，有表情地边弹边唱；（3）为儿歌选择一个伴奏音型，双手弹奏，做到边弹边唱。（4）在新调上移调弹唱，注意旋律在不同调上的键盘位置。

1. 小蜜蜂

和平 词曲

$1=C$ $\frac{2}{4}$

Am		Dm/A		Am	Em/G	Dm/A	
1 ḋ	3 1	2̂3̂ 2̂1̂	2 —	1 ḋ	3 5	2̂3̂ 2̂1̂	2 —
小小 蜜蜂	采蜜 忙，	飞到 东来	飞到 西。				
I		IV$_4^6$		I	V$_6$	IV$_4^6$	

Am		Dm/A		Em/G		Am			Dm/A		Am	
1 ḋ	3 1	2 3	1 2	3 5	3 1̂1̂	2 3	2̂3̂ 2̂1̂	1̇ — ‖
小小 蜜蜂 真勤劳， 采来的花蜜 甜又香。
I	IV$_4^6$						IV$_4^6$	I

2. 火车

和平 词曲

$1=C$ $\frac{2}{4}$

C	Am/C	Em/B	C	Dm/A	Em	Am
5 5 3 5	6̇ · i	6 6 5 6	3 —	5 5 3 5	2̇ · 3	5 5 3 7	6 — ‖
山中 火车 开 啦， 轰隆 轰隆 隆， 拉着 货物 跑 呀，带出 大山 外。
III	I$_6$	V$_4^6$	III	IV$_4^6$	V	I

3. 风车

和平 词曲

$1=C$ $\frac{2}{4}$

Am		Dm/A	Am			Dm/A	Am
1 2 1 6	3 ḋ	2 3 1 2	3 —	1 2 1 6	2 1	2 3 1 2	1̇ —
风车儿 竖起 一排 排， 风吹 叶儿 转起 来，
I		IV$_4^6$	I			IV$_4^6$	I

C/G		Em/G	Am	Dm/A	Em/G	Dm/A	Am
3 3	3 5	3 5 3 2	3 1	2 2	3 3	2 3 1 2	1̇ — ‖
叶儿 转动 发电 啦， 我家 电灯 亮起 来。
III$_4^6$		V$_6$	I	IV$_4^6$	V$_6$	IV$_4^6$	I

4. 摇 篮 曲

1=C 3/4　　　　　　　　　　　　　　　　　　　怡 婧 词曲
慢速

Am　　　　　　　　　　　　Dm/A
3　1　2 | 3 — $\dot{6}$ | 1　$\dot{6}$　1 | 2 — — |
风　儿　吹，　　　　月　儿　升　起，
I　　　　　　　　　　　　IV_4^6

C/G　　　　　Dm/A　　　　　　　　　　　　Am
3　5　3 | 2 — 1 | 2　3　7 | $\dot{6}$ — — :|
妈　妈　抱　着　宝　宝　睡　啦。
III_4^6　　　IV_4^6　　　　　　　　　　　I

5. 甜 瓜

1=G 2/4　　　　　　　　　　　　　　　　　　和 平 词曲
中速、活泼地

Em　　　　　　　　　　　　　Am/E　　　Em
$\dot{6}$ 3 3　3 3 | 4 4 6 3 | 2 2　1. 2 | 3 2 1 2 3 |
田 野 上 阵 阵 清 风 儿 吹，瓜 儿 熟 了 一 片 绿，
I　　　　　　　　　　　　　　IV_4^6　　I

I
$\dot{6}$ 3　3 3 | 4 4 6 3 | 2 2　1. 2 | 3 2 1 7 $\dot{6}$:|
小 朋 友 们 一 起 来， 摘 只 甜 瓜 尝 一 尝。
　　　　　　　　　　　　　　IV_4^6　　I

6. 夏 天 来 了

1=G 3/4　　　　　　　　　　　　　　　　　　和 平 词曲

Em　　　　　　G/D　　　Em　　　　　　Am/E
$\dot{6}$　1　2 | 3 — 5 | $\dot{6}$　1　3 | 2 — — |
夏　风　吹，　　　小　蝉　儿　唱，
I　　　　　　　III_4^6　　I　　　　　IV_4^6

G/D　　　　　Em/B　　　　Bm　　　　　Em
2　3　5 | 1 — $\dot{6}$ | 2　3　7 | $\dot{6}$ — — :|
大　树　下　　　听　故　事。
III_4^6　　K_4^6　　　V　　　　　　I

第六章　键盘上的小调和弦

第一节　正三和弦

一、原位正三和弦

在小调音阶上,主音、下属音、属音上分别构成的小三和弦,即小调的正三和弦。和弦的标记分别是:Ⅰ、Ⅳ、Ⅴ,也可以用字母表示和弦的键盘位置。例如:在 a 自然小调中,Ⅰ级和弦是 Am 小三和弦、Ⅳ级和弦是 Dm 小三和弦、Ⅴ级和弦是 Em 小三和弦,它们是 a 自然小调的正三和弦。在 a 和声小调中,音阶第Ⅶ级的导音升高半音,因此,Ⅴ级和弦为 E 大三和弦(例 6-1)。

例 6-1

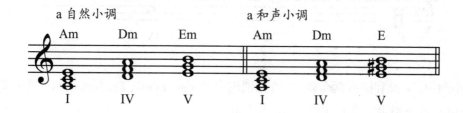

在 e 自然小调中,Ⅰ级和弦是 Em 小三和弦、Ⅳ级和弦是 Am 小三和弦、Ⅴ级和弦是 Bm 小三和弦,它们是 e 小调的正三和弦。

在 e 和声小调中,音阶第Ⅶ级的导音升高半音,因此,Ⅴ级和弦 B 大三和弦(例 6-2)。

例 6-2

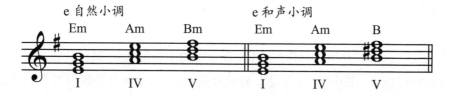

在 d 自然小调中,Ⅰ级和弦是 Dm 小三和弦、Ⅳ级和弦是 Gm 小三和弦、Ⅴ级和弦是 Am 小三和弦,它们是 d 小调的正三和弦。

在 d 和声小调中,音阶第Ⅶ级的导音升高半音,因此,Ⅴ级和弦 A 大三和弦(例 6-3)。

例 6-3

二、转位正三和弦

在小调中,每个正三和弦都有两个转位。例如,主和弦两个转位分别用 I_6 和 I_4^6 表示。

1. a 小调的主和弦,I 级和弦是小三和弦 Am,Am 和弦有两个转位和弦,转位和弦的标记是:I_6,I_4^6。也可以用字母来表示:Am/C、Am/E。其中,字母 C 是 I_6 和弦的低音,字母 E 是 I_4^6 和弦的低音。

例 6-4

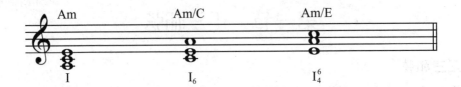

在 a 小调中,IV 级和弦有两个转位,可分别用字母 Dm、Dm/F、Dm/A 来表示。

例 6-5

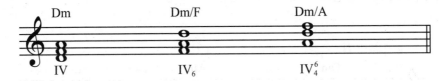

在 a 自然小调中,V 级和弦有两个转位,可分别用字母 Em、Em/G、Em/B 来表示。在 a 和声小调中,V 级和弦有两个转位,可分别用字母 E、E/♯G、E/B 来表示。

例 6-6

2. e 小调的主和弦,I 级和弦是小三和弦 Em,Em 和弦有两个转位和弦,转位和弦的标记是:I_6,I_4^6。也可以用字母 Em/G、Em/B 来表示。其中,字母 G 是 I_6 转位和弦的低音,字母 B 是转位 I_4^6 和弦的低音。

例 6-7

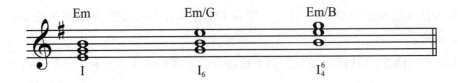

在 e 小调中,IV 级和弦有两个转位,可分别用字母 Am、Am/C、Am/E 来表示。

例 6-8

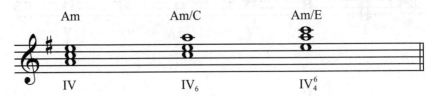

在 e 自然小调中，V 级和弦有两个转位，可分别用字母 Bm、Bm/D、Bm/♯F 来表示。在 e 和声小调中，V 级和弦有两个转位，可分别用字母 B、B/♯D、B/♯F 来表示。

例 6-9

3. d 小调的主和弦，I 级和弦是小三和弦 Dm，Dm 和弦有两个转位和弦，转位和弦的标记是：I_6，I_4^6。也可以用字母 Dm/F、Dm/A 来表示。其中，字母 F 是 I_6 转位和弦的低音，字母 A 是转位 I_4^6 和弦的低音。

例 6-10

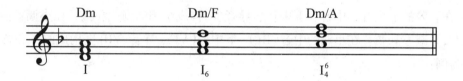

在 d 小调中，IV 级和弦有两个转位，可分别用字母 Gm/♭B、Gm/D 来表示。

例 6-11

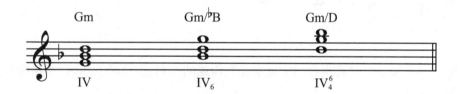

在 d 自然小调中，V 级和弦有两个转位，可分别用字母 Am、Am/C、Am/E 来表示。在 d 和声小调中，V 级和弦有两个转位，可分别用字母 A、A/♯C、A/E 来表示。

例 6-12

三、正三和弦的功能

小调中的 I 级和弦，是调式中最稳定的和弦，它是调式的支柱，其他和弦（II、III、IV、V、VI、VII）都有服从它的倾向，它属于主功能组，功能组的标记为：T。

IV 级和弦，是主和弦左边的支柱，与主和弦相比，它的功能不太稳定，服从并倾向于主和弦，它是下属功能组中的和弦，功能组的标记为：S。

V 级和弦，是主和弦右边的支柱，与主和弦、下属和弦相比，它的功能具有不稳定性，因为它的三音是导音，它服从并倾向于主和弦，属和弦与主和弦连接，常构成终止，它是属功能组中的和弦，功能组的标记为：D。

小调的正三和弦,在功能上是相互关联并依赖的,以正三和弦为主,构成了调式的功能体系。

和弦功能进行的步骤是:T—S—D—T。音乐由稳定的主和弦开始,进行到下属功能的和弦,再展开到属功能的和弦,最后在稳定的主和弦上终止。

小调的功能进行的步骤,也可以是T—D—S—T。音乐由稳定的主和弦开始,进行到属功能的和弦,再展开到下属功能的和弦,最后在稳定的主和弦上终止。

小调的和声功能进行与大调不同,和声功能组的进行是双向的,形成了调式音乐独特的丰富色彩与情感魅力。

调式和声由稳定到不稳定的连接与进行,是音乐创作的基础。

第二节　副三和弦

一、原位副三和弦

在小调中,在音阶的上主音、中音、下中音、导音上,构成小调的副三和弦。在小调音阶的上主音(II)上构成的三和弦,是减三和弦。在小调的中音(III)、下中音(VI)、导音(VII)上构成的三和弦,是大三和弦。以 a 自然小调为例:

例 6-13

在和声小调中,VII级导音升高半音,III级中音上构成的三和弦,是增三和弦。VII级导音上构成的三和弦,是减三和弦。

小调副三和弦中的大三和弦色彩明亮,增三和弦、减三和弦色彩尖锐、紧张,具有不稳定性。与柔和的正三小和弦交替连接应用,形成鲜明的色彩对比与煽情、感人的音响。

二、转位副三和弦

在小调中,副三和弦有两个转位,以 a、e、d 小调为例:

(一)a 小调的副三和弦原位与转位

1. a 自然小调。

(1)II 级减三和弦。

音阶II级 B 音上,构成的三和弦是减三和弦,用字母 B_d 表示。

例 6-14

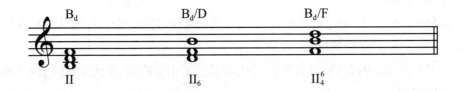

(2)III 级大三和弦。

音阶第 III 级 C 音上,构成的三和弦是大三和弦,用字母 C 表示。

例 6-15

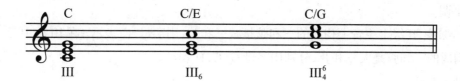

（3）VI 级大三和弦。

音阶第 VI 级 F 音上，构成的三和弦是大三和弦，用字母 F 表示。

例 6-16

（4）VII 级大三和弦。

音阶第 VII 级 G 音上，构成的三和弦是大三和弦，用字母 G 表示。

例 6-17

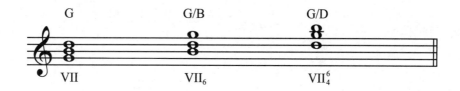

2. a 和声小调中的 III、VII 级和弦。

在 a 和声小调中，第 VII 级 G 音升高半音，III 级 C 音上构成的三和弦是增三和弦，用字母 C_A 表示。第 VII 级 G 音上构成的三和弦是减三和弦，用字母 $^\sharp G_d$ 表示。

（1）III 级增三和弦。

音阶第 III 级 C 音上，构成了增三和弦，用字母 C_A 表示。

例 6-18

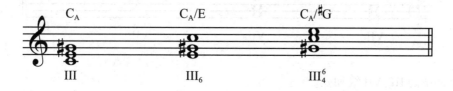

（2）VII 级减三和弦。

音阶第 VII 级 G 音上，构成了增三和弦，用字母 $^\sharp G_d$ 表示。

例 6-19

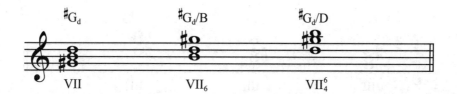

(二)e小调的副三和弦的原位与转位

1. e自然小调。

在e小调音阶中,II级上主音上构成的三和弦是减三和弦,用字母 $^\sharp F_d$ 表示。在III级中音、VI级下中音、VII级导音上构成的三和弦是大三和弦,分别用字母G、C、D表示。

(1)II级减三和弦。

例6-20

(2)III级大三和弦。

例6-21

(3)VI级大三和弦。

例6-22

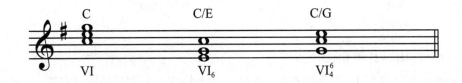

(4)VII级大三和弦。

例6-23

2. e和声小调中的III、VII级和弦。

e和声小调中,VII级导音升高半音,在III级G音上构成的三和弦,是增三和弦,用字母 G_A 来表示。在VII级导音 $^\sharp D$ 上构成的三和弦是减三和弦,用字母 $^\sharp D_d$ 表示。

(1)III级增三和弦。

例6-24

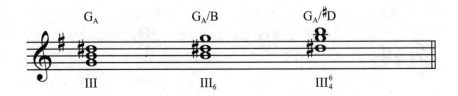

（2）VII级减三和弦。

例6-25

(三) d小调的副三和弦的原位与转位

1. d自然小调。

在d小调音阶中，II级上主音上构成的三和弦，是减三和弦，用字母E_d表示。在小调的III级中音、VI级下中音、VII级导音上构成的三和弦，是大三和弦，分别用字母F、♭B、C表示。

（1）II级减三和弦。

例6-26

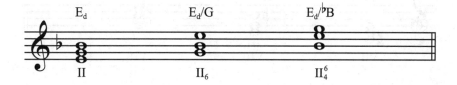

（2）III级大三和弦。

例6-27

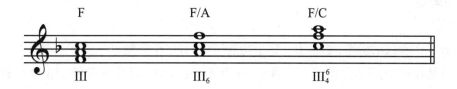

（3）VI级大三和弦。

例6-28

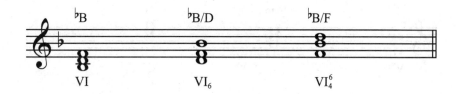

（4）VII级大三和弦。

例6-29

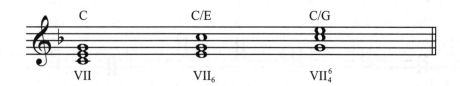

2. d 和声小调中的 III、VII 级和弦。

在 d 和声小调中,VII 级导音升高半音,在 F 中音上构成了增三和弦,用字母 F_A 表示。在 VII 级导音上构成了减三和弦,用字母 $^\sharp C_d$ 表示。

(1) III 级增三和弦。

例 6-30

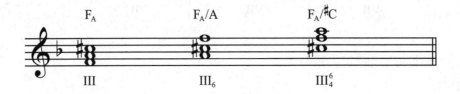

(2) VII 级减三和弦。

例 6-31

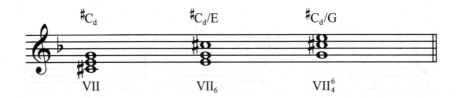

第三节　小调的和弦功能体系

一、和弦功能组

(一) 自然小调

在小调中,有三个和弦功能组:T、S、D。每个功能组中,有三个和弦。

例如,在 a 自然小调中,T 功能组有三个和弦:I 级 Am 主和弦、VI 级 F 和弦、III 级 C 和弦。其中,Am 主和弦是小三和弦,VI 级 F 和弦、III 级 C 和弦是大三和弦。副三和弦与主和弦的根音,相差三度音程。和弦之间,有两个共同音,在 T 功能组中,以 I 级主和弦 Am 为主导,和弦之间关系密切。

例 6-32

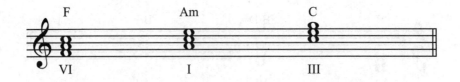

小调中的三个正三和弦,与副三和弦构成各自的和弦功能组(T、S、D),形成调性的完全功能体系。

例 6-33　a 自然小调

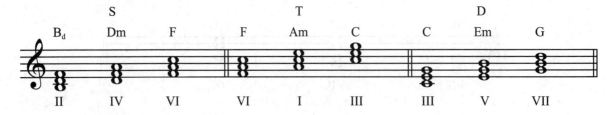

(二)和声小调

在和声小调中,由于VII级导音升高半音,III级和弦是增三和弦,音响尖锐不协和,它不属于T功能组。T功能组有两个和弦,I级和弦与VI级和弦。

在a和声小调中,以正三和弦为中心的三个功能组分别是:S、T、D。

1. T功能组有两个和弦:I级Am和弦、VI级F和弦。和弦之间有两个共同音,分别是A音与C音。

2. S功能组有三个和弦:II级Bd和弦、IV级Dm和弦、VI级F和弦。Bd与Dm和弦有两个共同音,分别是D音与F音;Dm与F和弦有两个共同音,分别是F音与A音。

3. D功能组有三个和弦:III级C_A和弦、V级E和弦、VII级#Gd和弦和弦,都包含着导音#G。C与Em和弦有两个共同音,分别是E音与#G音,E和Gd和弦有两个共同音,分别是#G音与B音。

例6-34　a和声小调

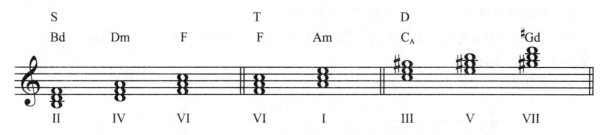

二、和弦功能的应用

在小调中,和声功能组进行的图示为:T—S—D—T,或者是T—D—S—T。

在小调中,S功能的和弦可以出现在D功能和弦的前面,也可以在D功能和弦的后面出现。

在为歌曲旋律配和声时,副三和弦可代替功能组的正三和弦,也可以出现在正三和弦的后面。

第四节　属七和弦与终止四六和弦

一、属七和弦

在小调的属音上建立的七和弦是属七和弦,标记为V_7。它是D功能的和弦,和弦中包含了下属和弦的根音,它是复功能和弦,和弦的特征是:不稳定,具有一定的紧张度。在终止处,属七和弦要解决到主和弦。

属七和弦有三个转位,V_5^6、V_3^4、V_2:

例6-35　a和声小调

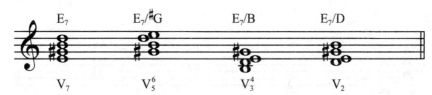

二、终止四六和弦

以小调音阶上的属音为根音建立的四六和弦,和弦分别由调性中的属音、主音和中音构成,被称为终止四六和弦,标记为K_4^6,它具有复功能和弦的特征:不稳定性和紧张度。在终止处,终止四六和弦与属和弦连接,构成调性终止的和声进行。以a小调终止式为例:

例 6-36　a 和声小调终止处的和声连接

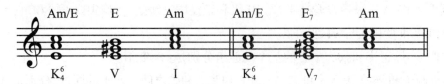

第五节　小调内和弦音的选择

为歌曲旋律选择和弦时,音阶上的乐音作为和弦音,一般可以选择三个以上的不同和弦。

以 a 小调为例,主音 a 作为和弦音,可选择 I、IV、VI 级和弦的原位与转位,即和弦 Am、Dm、F；上主音 B 音作为和弦音,可选择 II、VII、V、V_7 级和弦的原位与转位。

小调音阶上的各级音作为和弦音,如考虑和弦的原位与转位,就可能有 9 种以上的选择。

例 6-37　a 小调音阶

1. 主音的选择。

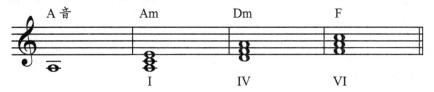

2. 上主音的选择。
（1）自然小调。

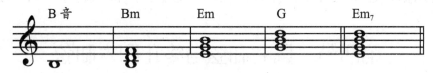

（2）和声小调。

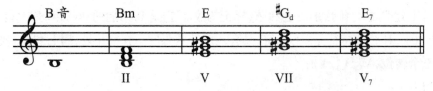

3. 中音的选择。

4. 下属音的选择。
（1）自然小调。

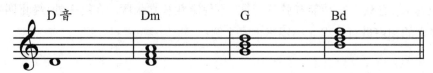

（2）和声小调。

5. 属音的选择。

（1）自然小调。

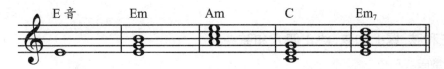

（2）和声小调。

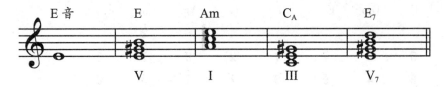

6. 下中音的选择。

7. 导音的选择。

（1）自然小调。

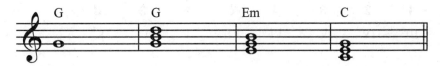

（2）和声小调。

在 a 自然小调上，导音和主音构成大二度，在 a 和声小调中，导音和主音构成小二度。构成副三和弦的性质就有不同的差异。

第六节 简谱中的小调和弦

在简谱中,小调音阶上的各级和弦用阿拉伯数字与小圆点表示,音级用罗马数字表示,和弦的键盘位置用英文字母表示。

在简谱上,小调的调号一般用 1=C、1=G、1=F 等不同字母表示。1(do)是小调音阶上的三音(上主音),也是关系大调的主音。例如,在 a 小调中,通常用 1=C 表示,C 是 a 小调音阶上的三音(上主音),那么 a 小调的主音即是 $\underset{\cdot}{6}$(la)。

一、原位三和弦、属七和弦、终止四六和弦

(一)a 小调常用的和弦

1. a 自然小调。

1= C

Am	Bd	C	Dm	Em	F	G	Am	Em₇	Am/E
								$\dot{2}$	
3	4	5	6	7	$\dot{1}$	$\dot{2}$	$\dot{3}$	7	$\dot{1}$
1	2	3	4	5	6	7	$\dot{1}$	5	6
$\underset{\cdot}{6}$	7	1	2	3	4	5	6	3	3
I	II	III	IV	V	VI	VII	I	V₇	K$_4^6$

2. a 和声小调。

1= C

Am	Bd	C_A	Dm	E	F	Gd	Am	E₇	Am/E
								$\dot{2}$	
3	4	#5	6	7	$\dot{1}$	$\dot{2}$	$\dot{3}$	7	$\dot{1}$
1	2	3	4	#5	6	7	$\dot{1}$	#5	6
$\underset{\cdot}{6}$	7	1	2	3	4	#5	6	3	3
I	II	III	IV	V	VI	VII	I	V₇	K$_4^6$

(二)e 小调常用的和弦

1. e 自然小调。

1= G

Em	#Fd	G	Am	Bm	C	D	Em	Bm₇	Em/B
								$\dot{2}$	
3	4	5	6	7	$\dot{1}$	$\dot{2}$	$\dot{3}$	7	$\dot{1}$
1	2	3	4	5	6	7	$\dot{1}$	5	6
$\underset{\cdot}{6}$	7	1	2	3	4	5	6	3	3
I	II	III	IV	V	VI	VII	I	V₇	K$_4^6$

2. e 和声小调。

1＝G

Em	♯Fd	G$_A$	Am	B	C	Dd	Em	B$_7$	Em/B
									$\dot{\dot{2}}$
3	4	♯5	6	7	$\dot{1}$	$\dot{2}$	$\dot{3}$	7	$\dot{1}$
1	2	3	4	♯5	6	7	$\dot{1}$	♯5	6
$\underset{.}{6}$	7	1	2	3	4	♯5	6	3	3
I	II	III	IV	V	VI	VII	I	V$_7$	K$_4^6$

（三）d 小调常用的和弦

1. d 自然小调。

1＝F

Dm	Ed	F	Gm	Am	B	C	Dm	Am$_7$	Dm/A
									$\dot{\dot{2}}$
3	4	5	6	7	$\dot{1}$	$\dot{2}$	$\dot{3}$	7	$\dot{1}$
1	2	3	4	5	6	7	$\dot{1}$	5	6
$\underset{.}{6}$	7	1	2	3	4	5	6	3	3
I	II	III	IV	V	VI	VII	I	V$_7$	K$_4^6$

2. d 和声小调。

1＝F

Dm	Ed	F$_A$	Gm	A	B	Cd	Dm	A$_7$	Dm/A
									$\dot{\dot{2}}$
3	4	♯5	6	7	$\dot{1}$	$\dot{2}$	$\dot{3}$	7	$\dot{1}$
1	2	3	4	♯5	6	7	$\dot{1}$	♯5	6
$\underset{.}{6}$	7	1	2	3	4	♯5	6	3	3
I	II	III	IV	V	VI	VII	I	V$_7$	K$_4^6$

二、和弦的原位与转位

（一）a 小调常用的和弦与转位

1. a 自然小调。

（1）正三和弦。

Am	Am/C	Am/E	Dm	Dm/F	Dm/A	Em	Em/G	Em/B
3	6	$\dot{1}$	6	$\dot{2}$	$\dot{4}$	7	$\dot{3}$	$\dot{5}$
1	3	6	4	6	$\dot{2}$	5	7	$\dot{3}$
$\underset{.}{6}$	1	3	2	4	6	3	5	7
I	I$_6$	I$_4^6$	IV	IV$_6$	IV$_4^6$	V	V$_6$	V$_4^6$

（2）副三和弦。

Bd	Bd/D	Bd/F	C	C/E	C/G	F	F/A	F/C	G	G/B	G/D
4	7	$\dot{2}$	5	$\dot{1}$	$\dot{3}$	$\dot{1}$	$\dot{4}$	$\dot{6}$	$\dot{2}$	$\dot{5}$	$\dot{7}$
2	4	7	3	5	$\dot{1}$	6	$\dot{1}$	$\dot{4}$	7	$\dot{2}$	$\dot{5}$
$_{.}7$	2	4	1	3	5	4	6	$\dot{1}$	5	7	2
II	II$_6$	II$_4^6$	III	III$_6$	III$_4^6$	VI	VI$_6$	VI$_4^6$	VII	VII$_6$	VII$_4^6$

（3）属七和弦。

Em$_7$	Em$_7$/G	Em$_7$/B	Em$_7$/D
$\dot{2}$	$\dot{3}$	$\dot{5}$	$\dot{7}$
7	$\dot{2}$	$\dot{3}$	$\dot{5}$
5	7	$\dot{2}$	$\dot{3}$
3	5	7	$\dot{2}$
V$_7$	V$_5^6$	V$_3^4$	V$_2$

2. a 和声小调。

在 a 和声小调上，音阶上的 VII 级导音升高半音，其中 III、V、VII、V$_7$ 和弦原位与转位如下：

C$_A$	C$_A$/E	C$_A$/#G	E	E/#G	E/B	#Gd	#Gd/B	#Gd/D	E$_7$	E$_7$/#G	E$_7$/B	E$_7$/D
									$\dot{2}$	$\dot{3}$	#$\dot{5}$	$\dot{7}$
#$\dot{5}$	$\dot{1}$	$\dot{3}$	7	$\dot{3}$	#$\dot{5}$	$\dot{2}$	#$\dot{5}$	$\dot{7}$	7	$\dot{2}$	$\dot{3}$	#$\dot{5}$
3	#5	$\dot{1}$	#5	7	$\dot{3}$	7	$\dot{2}$	#$\dot{5}$	#5	7	$\dot{2}$	$\dot{3}$
1	3	#5	3	#5	7	#5	7	$\dot{2}$	3	#5	7	$\dot{2}$
III	III$_6$	III$_4^6$	V	V$_6$	V$_4^6$	VII	VII$_6$	VII$_4^6$	V$_7$	V$_5^6$	V$_3^4$	V$_2$

（二）e 小调常用的和弦与转位

1. e 自然小调。

（1）正三和弦。

Em	Em/G	Em/C	Am	Am/C	Am/E	Em	Em/G	Em/B
3	6	$\dot{1}$	6	$\dot{2}$	$\dot{4}$	7	$\dot{3}$	$\dot{5}$
1	3	6	4	6	$\dot{2}$	5	7	$\dot{3}$
$_{.}6$	1	3	2	4	6	3	5	7
I	I$_6$	I$_4^6$	IV	IV$_6$	IV$_4^6$	V	V$_6$	V$_4^6$

（2）副三和弦。

#Fd	#Fd/A	#Fd/C	G	G/B	G/D	C	C/E	C/G	D	D/#F	D/A
4	7	$\dot{2}$	5	$\dot{1}$	$\dot{3}$	$\dot{1}$	$\dot{4}$	$\dot{6}$	$\dot{2}$	$\dot{5}$	$\dot{7}$
2	4	7	3	5	$\dot{1}$	6	$\dot{1}$	$\dot{4}$	7	$\dot{2}$	$\dot{5}$
$_{.}7$	2	4	1	3	5	4	6	$\dot{1}$	5	7	2
II	II$_6$	II$_4^6$	III	III$_6$	III$_4^6$	VI	VI$_6$	VI$_4^6$	VII	VII$_6$	VII$_4^6$

（3）属七和弦。

Bm$_7$	Bm$_7$/D	Bm$_7$/#F	Bm$_7$/A
$\dot{2}$	$\dot{3}$	$\dot{5}$	$\dot{7}$
7	$\dot{2}$	$\dot{3}$	$\dot{5}$
5	7	$\dot{2}$	$\dot{3}$
3	5	7	$\dot{2}$
V$_7$	V$_5^6$	V$_3^4$	V$_2$

2. e 和声小调。

e 和声小调 III、V、VII、V$_7$ 和弦原位与转位如下：

G$_A$	G$_A$/B	G$_A$/#D	E	E/G	E/B	#Dd	#Dd/#F	#Dd/A	B$_7$	B$_7$/#D	B$_7$/#F	B$_7$/A
									$\dot{2}$	$\dot{3}$	#$\dot{5}$	$\dot{7}$
#$\dot{5}$	$\dot{1}$	$\dot{3}$	7	$\dot{3}$	#$\dot{5}$	$\dot{2}$	#$\dot{5}$	$\dot{7}$	7	$\dot{2}$	$\dot{3}$	#$\dot{5}$
3	#$\dot{5}$	$\dot{1}$	#$\dot{5}$	7	$\dot{3}$	7	$\dot{2}$	#$\dot{5}$	#$\dot{5}$	7	$\dot{2}$	$\dot{3}$
1	3	#$\dot{5}$	3	#$\dot{5}$	7	#$\dot{5}$	7	2	3	#$\dot{5}$	7	$\dot{2}$
III	III$_6$	III$_4^6$	V	V$_6$	V$_4^6$	VII	VII$_6$	VII$_4^6$	V$_7$	V$_5^6$	V$_3^4$	V$_2$

（三）d 小调常用的和弦与转位

1. d 自然小调。

（1）正三和弦。

Dm	Dm/F	Dm/A	Gm	Gm/♭B	Gm/D	Am	Am/C	Am/E
3	6	$\dot{1}$	6	$\dot{2}$	$\dot{4}$	7	$\dot{3}$	$\dot{5}$
1	3	6	4	6	$\dot{2}$	5	7	$\dot{3}$
$\underset{.}{6}$	1	3	2	4	6	3	5	7
I	I$_6$	I$_4^6$	IV	IV$_6$	IV$_4^6$	V	V$_6$	V$_4^6$

（2）副三和弦。

Ed	Ed/G	Ed/♭B	F	F/A	F/C	♭B	♭B/D	♭B/F	C	C/E	C/G
4	7	$\dot{2}$	5	$\dot{1}$	$\dot{3}$	$\dot{1}$	$\dot{4}$	$\dot{6}$	$\dot{2}$	$\dot{5}$	$\dot{7}$
2	4	7	3	5	$\dot{1}$	6	$\dot{1}$	$\dot{4}$	7	$\dot{2}$	$\dot{5}$
$\underset{.}{7}$	2	4	1	3	5	4	6	$\dot{1}$	5	7	2
II	II$_6$	II$_4^6$	III	III$_6$	III$_4^6$	VI	VI$_6$	VI$_4^6$	VII	VII$_6$	VII$_4^6$

（3）属七和弦。

Am$_7$	Am$_7$/C	Am$_7$/E	Am$_7$/G
$\dot{2}$	$\dot{3}$	$\dot{5}$	$\dot{7}$
7	$\dot{2}$	$\dot{3}$	$\dot{5}$
5	7	$\dot{2}$	$\dot{3}$
3	5	7	$\dot{2}$
V$_7$	V$_5^6$	V$_3^4$	V$_2$

2. d 和声小调。

d 和声小调 III、V、VII、V_7 和弦原位与转位如下：

F_A	F_A/A	$F_A/\#C$	A	A/#C	A/E	#Cd	#Cd/E	#Cd/G	A_7	$A_7/\#C$	A_7/E	A_7/G
									$\dot{2}$	$\dot{3}$	$\#\dot{5}$	$\dot{7}$
$\#\dot{5}$	$\dot{1}$	$\dot{3}$	7	$\dot{3}$	$\#\dot{5}$	$\dot{2}$	$\#\dot{5}$	$\dot{7}$	7	$\dot{2}$	$\dot{3}$	$\#\dot{5}$
3	$\#\dot{5}$	$\dot{1}$	$\#\dot{5}$	7	$\dot{3}$	7	$\dot{2}$	$\#\dot{5}$	$\#\dot{5}$	7	$\dot{2}$	$\dot{3}$
1	3	$\#\dot{5}$	3	$\#\dot{5}$	7	$\#\dot{5}$	7	2	3	$\#\dot{5}$	7	$\dot{2}$
III	III_6	III_4^6	V	V_6	V_4^6	VII	VII_6	VII_4^6	V_7	V_5^6	V_3^4	V_2

三、和弦应用中需注意的问题

(一) 调性的转换

在简谱中，如要表述不同的调，调内各级和弦数字的记谱方式不变，只要在乐谱前更换英文字母的调号（1=C、1=G、1=D、1=A…）即可，小调的主音是 6（la），它的关系大调的主音是 1（do），它们的音程距离是小三度，一般用 1（do）来表示调性音阶的调号。例如，在 e 小调中，1=G，而小调的主音是 E，它与 G 音的音程距离是小三度。

(二) 和弦字母标记与键盘位置的关系

弹奏中必须注意，不同调性和弦的键盘位置是变化着的，应准确把握和记忆和弦标记的英文字母，即可找到相应的键盘位置。

例如，在 a 小调中，I 级和弦的英文字母标记是 Am，和弦的键盘位置应该分别是 A 音、C 音、E 音；IV 级和弦的英文字母标记是 Dm，和弦的键盘位置应该分别是 D 音、F 音、A 音。

在 e 小调中，I 级和弦的英文字母标记是 Em，和弦的键盘位置应该分别是 E 音、G 音、B 音；IV 级和弦的英文字母标记是 Am，和弦的键盘位置应该分别是 A 音、C 音、E 音。

在 d 小调中，I 级和弦的英文字母标记是 Dm，和弦的键盘位置应该分别是 D 音、F 音、A 音；I 级和弦的第一转位是 Dm/F，和弦的键盘位置应该分别是 F 音、A 音、D 音；I 级和弦的第二转位是 Dm/A，和弦的键盘位置应该分别是 A 音、D 音、F 音。

(三) 和弦音的选配

在简谱中，小调音阶上各级乐音与和弦的唱名与谱例表述是不变的，而它们在键盘上的位置变化着的，我们需要在移调弹奏的练习中，辨别认知并记忆。

为旋律选配和弦音时，简谱上各级乐音与和弦的唱名与谱例表述相同，当调性变化时，音与和弦的键盘位置即发生相应的变化。弹奏者必须把握与熟悉，不同调性上乐音与和弦连接的键盘位置，记忆和弦连接时，和声语汇的键盘位置，聆听和声语汇进行中的色彩变化。在不同调性的弹奏中，和弦连接与和声语汇的变化色彩是相同的，弹奏者的手位与指法是相同的。

当我们掌握简谱音乐弹奏的基本规律时，就可以在键盘上，进行儿童歌曲的编配与移调弹唱。

(四) 小调上的旋律

1. 1=C $\frac{2}{4}$ $\underline{\dot{6}\ 1}$ $\underline{1\ 2\ 1\ 6}$ | 1 — | $\underline{\dot{6}\ 1}$ $\underline{1\cdot\ 2}$ | $\dot{6}$ — ‖

2. 1=G 2/4 3. 5 3 2 | 3 6̣ 1 | 3. 5 3 2 | 3 - ‖

3. 1=F 3/4 6̣ 1 1 | 3 1 6̣ 1 | 3. 5 3 | 2 - - ‖

4. 1=♭B 3/4 3 5 3 5 | 3 1 3 6̣ | 2. 2 1 2 | 6̣ 6̣ 0 ‖

5. 1=C 4/4 3 0 2 0 | 3 2 1 2 - 0 | 3 0 6̣ 0 | 1 2 6̣ - ‖

第七节　键盘上的练习

一、小调上的和弦练习

在键盘的不同音区上，双手弹奏 a、e、d 小调的和弦连接语汇；手指触键动作准确、敏捷，手腕动作轻柔、自如；记忆和弦音在键盘上的不同位置；聆听和弦进行的色彩变化；应用音后踏板，一个和弦换一次踏板；在 b、♯f、♯c、g、c 小调上弹奏和弦的连接语汇。

1. a 自然小调上的正三和弦连接。

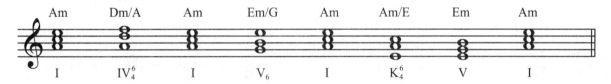

2. a 和声小调上终止四六和弦的应用。

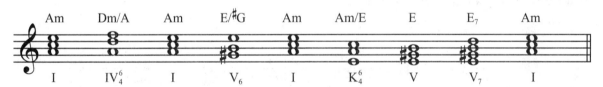

3. a 和声小调上正三和弦、副三和弦的应用。

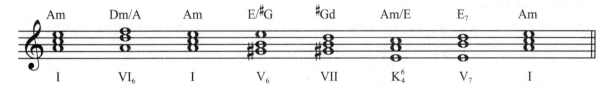

4. e 自然小调上的正三和弦连接。

5. e 和声小调终止四六和弦的应用。

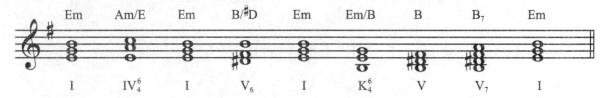

6. e 和声小调上正三和弦、副三和弦的应用。

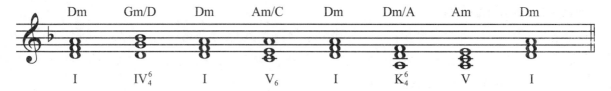

7. d 自然小调上的正三和弦连接。

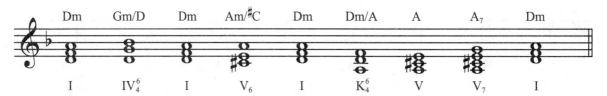

8. d 和声小调终止四六和弦的应用。

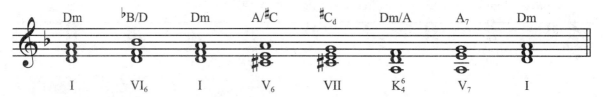

9. d 和声小调上正三和弦、副三和弦的应用。

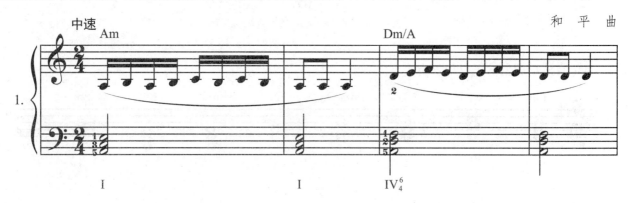

二、小调上的五音练习

用中等速度弹奏，保持手型正确，手指触键主动、敏捷；双手弹奏和弦，手腕放松，手指下键整齐、主动，控制音量，略轻于高声部；可将五音练习移至新调上弹奏。

三、小调乐曲弹奏练习

1. 嘎达梅林

内蒙民歌
丹歌 编曲

教学提示：e 羽调乐曲。有表情地弹奏全曲，左手轻声地有控制地弹奏，衬托着歌唱旋律的进行。

2. 嘎达梅林

内蒙民歌
丹歌 编曲

135

教学提示：d羽调乐曲。有表情地完整地弹奏全曲，聆听民族调式和声的色彩变化。

3. 映 山 红

傅庚辰 曲
杜鸣心 编曲

教学提示：a 羽调乐曲，注意倾听二声部旋律的流畅进行。

4. 映 山 红

傅庚辰 曲
圣音 编曲

教学提示：b羽调乐曲，旋律流畅，富于歌唱性，低声部的伴奏要控制手指力度，轻轻地衬托着主题旋律的流畅进行。

5. 映 山 红

傅庚辰 曲
丹 歌 编曲

教学提示：b 羽调乐曲。聆听民族调式和声的色彩变化，左手有控制地轻声弹奏和弦，和谐地衬托旋律的歌唱进行。

第八节 幼儿歌曲弹唱

一、五线谱上的幼儿歌曲弹唱

（一）和弦弹奏练习

双手弹奏旋律，视唱旋律；按照旋律上方标注的字母，弹奏原位和弦；双手弹奏和弦，哼唱歌曲；双手弹奏伴奏音型，并哼唱旋律。

1. 秋 姑 娘

希伯来民歌
和 平 填词

2. 歌唱的小鸟

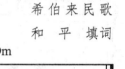
希伯来民歌
和 平 填词

(二)幼儿歌曲

有表情地弹唱幼儿歌曲,并在新调上移调弹唱。

1. 摘 果 子

和 平 词曲

2. 彝家娃娃真幸福

黄有异 词曲
和 平 编曲

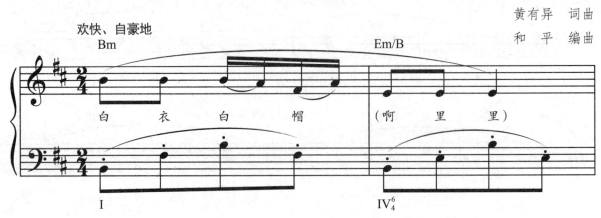

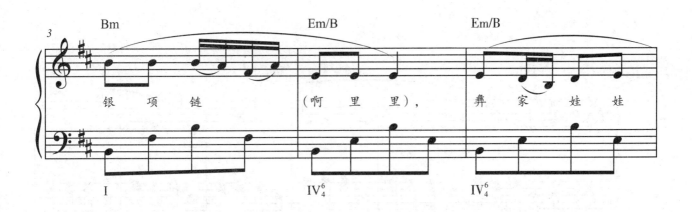
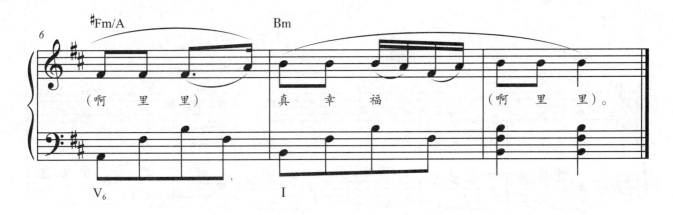

3. 小 手 鼓

和平 词曲

4. 彩 霞

和平曲

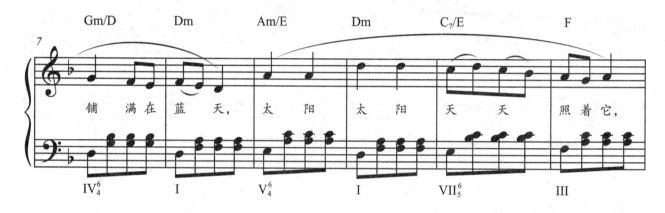

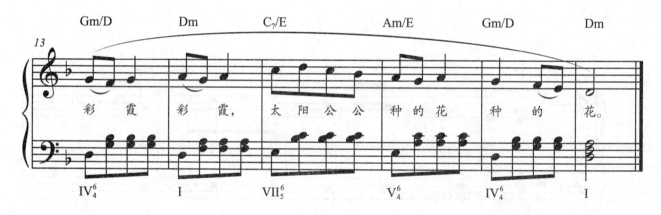

二、简谱上的幼儿歌曲弹唱

1.双手弹奏小调上儿歌的旋律,边弹边唱;2.双手弹奏儿歌上方的和弦,一小节一个柱式和弦,有表情地边弹边唱;3.为儿歌选择一个伴奏音型,双手弹奏,做到边弹边唱。4.在新调上移调弹唱,注意旋律在不同调上的键盘位置。

1. 球 操

和平曲

1=C 2/4

Am
$\underline{6\ 7\ 6\ 7}$ $\underline{1\ 7\ 1\ 7}$ | $\underline{6\ \ 6}$ 6 |
I

Dm/A
$\underline{2\ 3\ 4\ 3}$ $\underline{2\ 3\ 4\ 3}$ | $2\ \ 2$ 2 |
IV_4^6

```
       E/#G
       3 4 #5 6  7 6 5 4 | 3  7   3  2 | 1 2 1 7  1 2 1 7 | 6·  6·   6· :||
       V₆                          I
```

2. 花　　操

圣音曲

1=C 4/4

```
       Am
       6· 3   3 2 1 7 | 6· 1   6· | 2  4   4 3 2 1 | 2   4   2 |
       I                            IV⁶₄
       E/#G                                   Am
       3  7   7 6 #5 6 | 3  7   3  2 | 1 2 1 7  1 2 1 7 | 6· 1  6· :||
       V₆                                      I
```

3. 秋　姑　娘

希伯来民歌
和平填词

1=F 4/4

```
   Dm              Gm/D         Dm               A₇/C
   1 7  6· 1  3  - | 4 - 3 2 | 3 2  1 7  1  6· | 7·   1 7  - |
   秋 姑 娘   飞  来  了, 田 野  一  片  金  黄  黄,
   I                IV⁶₄         I                V⁶₅

   Dm              Gm/D         Dm/A      A₇     Dm
   1 7  6· 1  3  - | 4 - 3 2 | 1 7  6·  7 6 5 | 6· - - - :||
   果 树 林  里   挂   满 了  美 丽 的  甜  果  果。
   I                IV⁶₄         K⁶₄    V₇    I
```

4. 歌唱的小鸟

希伯莱格民歌
和平填词

1=F 6/8

```
   Dm           Gm/D       Am/C              Dm
   6· 6· 6·  6· 6· 6· | 2·   1· | 7· 6· 7· 1  7· 6· | 6·   6· 0 :||
   小 鸟 在  树 梢 上   歌    唱,  不 停 地 重 复 歌    唱。
   I              IV⁶₄      V₆                 I
              F/C              Gm/D       Am/C
   3·   6· | 5  4 3· | 2 1 2  3  4 3· | 3· |
   快   快  回  来 吧,  我 在   等  着 你   呵。
              III⁶₄           IV⁶₄       V₆
```

145

5. 我们是草原小牧民

6. 红蜻蜓

7. 摘 果 子

1=G 2/4 和 平 词曲

Em	Am/E	Em	Am/E

6̣ 1 3 5 3 | 6̣ 1 2 3 2 - | 3 5 3 2 1 2 1 7̣ | 6̣ 1 2 2 - |
手拿 小花袋， 我们 出发了， 排着队儿整整齐齐 去果 园。
Ⅰ   Ⅳ⁶₄   Ⅰ   Ⅳ⁶₄

Em	Am/E	Bm	G/B	Em

6̣ 1 3 5 3 | 6̣ 1 2 3 2 - | 3 5 3 2 1 2 1 7̣ | 6̣ 6̣ 6̣ - :|
苹果 红彤彤， 桔子 黄灿灿， 摘呀摘呀，装满小袋 真 快 乐！
Ⅰ   Ⅳ⁶₄   Ⅴ   Ⅲ₆   Ⅰ

8. 彝家娃娃真幸福

1=D 2/4 黄有异 词曲

Bm	Em/B	Bm	Em/B

6 6 6 5 3 5 | 2 2 2 | 6 6 6 5 3 5 | 2 2 2 |
白衣 白帽 （啊里里） 银项 链啰 （啊里里），
Ⅰ   Ⅳ⁶₄   Ⅰ   Ⅳ⁶₄

Em/G	#Fm		Bm	

2 1̣ 6̣ 1 2 | 3 3 3. 5 | 6 6 6 5 3 5 | 6 6 6 :|
彝家 娃娃 （啊里里） 真幸福啰 （啊里里）。
Ⅳ₆   Ⅴ   Ⅰ

9. 小 手 鼓

1=F 2/4 和 平 词曲

Dm	Am/C	Dm	Am/C

6̣ 7̣ 1 2 | 3 3 3 | 6 6 5 2 | 3 4 3 |
打起 我的 小手鼓， 咚咚 锵咚 咚达咚。
Ⅰ   Ⅴ₆   Ⅰ   Ⅴ₆

Dm/A	Am		Dm

6̣ 7̣ 1 2 | 3 5 3 | 2 2 7̣ 5̣ | 6̣ 6̣ 6̣ :|
小朋 友们 一起来， 打起 手鼓 咚达咚。
K⁶₄   Ⅴ   Ⅰ

10. 彩 霞

儿 歌
和 平 曲

1=F 2/4

彩霞 彩霞 高高挂在天空， 千朵万朵
铺满在蓝天， 太阳 太阳 天 天 照着它，
彩霞 彩霞 太阳公公 种的花 种的花。

第七章 a、e、b小调幼儿歌曲的编配与弹唱

第一节 a小调幼儿歌曲的编配

一、a小调上的常用和弦

(一)正三和弦、属七和弦与终止四六和弦

a小调的正三和弦是建立在主(A)、下属(D)、属(E)音上的小三和弦,和弦标记为I、IV、V,也可以用字母Am、Dm、Em来表示,正三小和弦色彩柔和。在a和声小调中,导音升高半音,属音(E)上的和弦是大三和弦,用字母E来表示,大三和弦色彩明亮,与Am、Dm相互连接,形成和声色彩上的对比。

a小调的属七和弦是建立在属音(E)上的七和弦,和弦标记为V_7,也可以用E_7来表示。属七和弦的色彩丰富,具有不稳定性,与主和弦连接,出现在乐段的终止处。

A小调的终止四六和弦是建立在属音(E)上的四六和弦,和弦标记为K_4^6,也可以用Am/E来表示。通常,出现在终止乐段中,它总是在属和弦或属七和弦前面。

双手在钢琴的不同音区上,弹奏a小调上的正三和弦、属七和弦和终止四六和弦的连接(例7-1,例7-2)。

例7-1

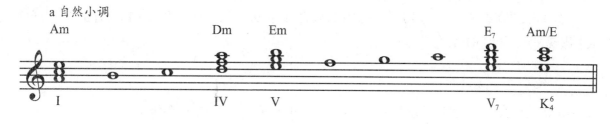

例7-2

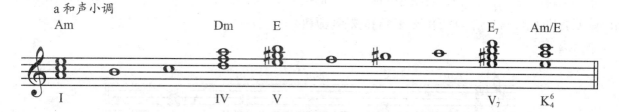

练习:

1. 双手在钢琴的不同音区上,弹奏a小调上的和弦连接。

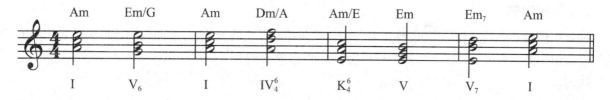

2. 双手在钢琴的不同音区上,弹奏 a 和声小调上的和弦连接。

(二)副三和弦

在 a 自然小调中,副三和弦是建立在上主(B)、中(C)、下中(F)、导(G)音上的三和弦。II 级三和弦是减三和弦,用字母 Bd 来表示;III 级三和弦是大三和弦,用字母 C 来表示;VI 级三和弦是大三和弦,用字母 E 来表示;VII 级三和弦是大三和弦,用字母 G 来表示。

在 a 和声小调中,四个副三和弦中,II 级三和弦是减三和弦,用字母 Bd 来表示;III 级三和弦是增三和弦,用字母 C_A 来表示;VI 级三和弦是大三和弦,用字母 E 来表示;VII 级三和弦是减三和弦,用字母 #Gd 来表示。

例 7-3

为 a 小调的旋律选配和声,调性中的副三和弦与正三和弦交替应用,则会使音乐的和声色彩变幻丰富。

在 a 小调内,功能组 T、S、D 的先后排列次序比较自由,在功能组中,副三和弦可以代替正三和弦单独选用,也可出现在正三和弦的后面。

(三)A 羽调上的和弦

在中国民族调式中,A 羽调可分为五声、六声、七声调式。A 羽调上的各级正音为:羽(A)、宫(C)、商(D)、角(E)、徵(G)音。

在 A 羽调的各级音上,构成的和弦分别是:羽和弦、宫和弦、商和弦、角和弦、徵和弦,可以用字母表示为:A 羽和弦、C 宫和弦、D 商和弦、E 角和弦、G 徵和弦。

例 7-4

二、和弦织体

和弦织体是和弦的变化形态,俗称伴奏音型。歌曲伴奏音型的变化,与歌曲内容、形象的表达有关,常用的伴奏织体有立柱式、和弦半分解式与和弦全分解式(琶音型)。

练习:

双手在钢琴上弹奏 a 小调和弦的伴奏音型,注意倾听和弦连接的变化色彩,记忆和弦织体的键盘位置。

三、键盘上的练习

（一）谱例弹唱

（1）视唱 a 小调旋律与低声部的和弦；（2）分别用"la""li""lu"哼唱旋律；（3）做到有表情地边弹边唱；
（4）注意聆听和弦连接的变化色彩。

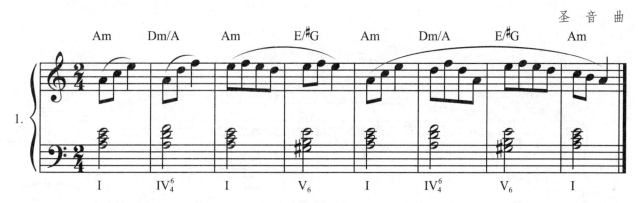

教学提示：a 和声小调中的 V 级和弦是大三和弦。

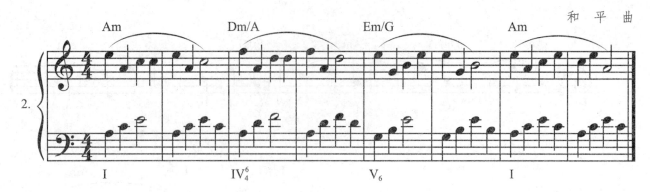

教学提示：a自然小调中的Ⅴ级和弦是小三和弦。

（二）乐曲弹奏

1. 小 游 戏

教学提示：双手弹奏十六分音符，手指动作独立、敏捷。

2. 生病的洋娃娃

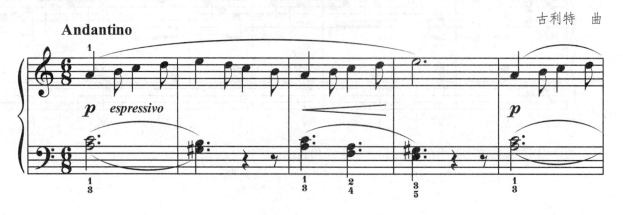

教学提示：弹奏 6/8 拍节奏的乐曲，把握节拍重音与力度变化。

3. 勇敢的骑士

舒曼曲

教学提示：有表情地弹奏 a 小调乐曲，自如地把握和弦的连接。学习跳音的奏法。

四、歌曲弹唱

（一）五线谱上的幼儿歌曲

1. 我的小小马

和　平　词曲

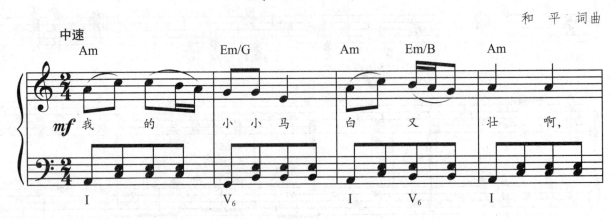

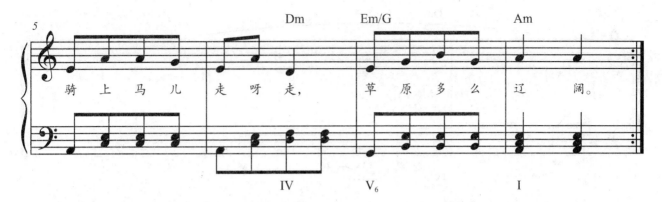

教学提示：弹奏 a 小调上的儿童歌曲，低声部的伴奏要控制力度，音量略轻于高声部旋律。

2. 雪　花

和　平　词曲

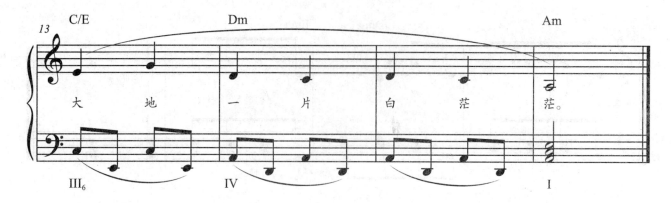

教学提示：省略三音的和弦分解音型，手指要控制力度，用力均匀，做到边弹边唱。

3. 春天来了

和 平 词曲

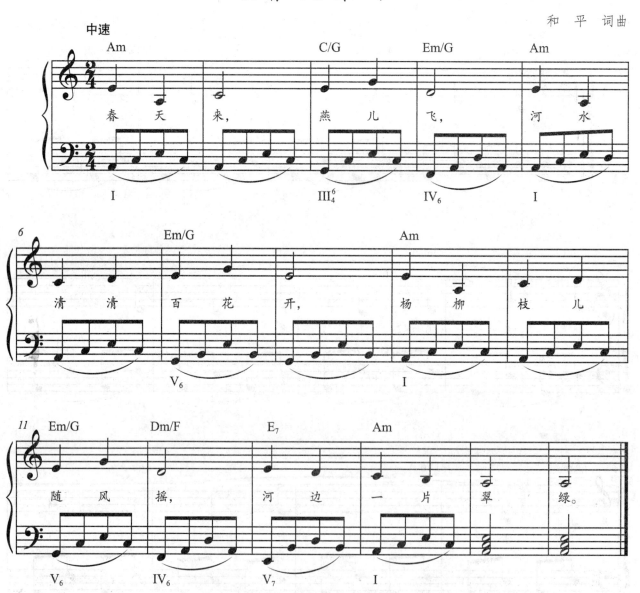

教学提示：左手的全分解伴奏音型要控制力度，手指触键动作轻柔，把握力量的均匀传送，做到边弹边唱。

(二)简谱上的幼儿歌曲

（1）双手弹奏小调上儿歌的旋律,边弹边唱;（2）双手弹奏儿歌上方的和弦,一小节一个柱式和弦,有表情地边弹边唱;（3）为儿歌选择一个伴奏音型,双手弹奏,做到边弹边唱;（4）在新调上移调弹唱,注意旋律在不同调上的键盘位置。

1. 春天来了

1=C 2/4   和 平 词曲

Am	Em/G	Dm/A	Am		C/G	
3 6̣	1 —	3 5	2 —	3 6̣	1 2	3 5	3 —
春 天 来，	燕 儿 飞，	河 水 清 清	百 花 开，
I	V₆	IV⁶₄	I		III⁶₄	

Am	C/G	Dm/A	Em/G	Am	
3 6̣	1 2	3 5	2 —	3 2	1 7̣	6̣ —	6̣ —
杨 柳 枝 儿	随 风 摇，	河 边 一 片	翠 绿。
I	III⁶₄	IV⁶₄	V₆	I	

2. 春天来了

1=C 2/4   和 平 词曲

Am	Em/G	Dm/A	Am		Em/G	
3 6̣	1 —	3 5	2 —	3 6̣	1 2	3 5	3 —
春 天 来，	燕 儿 飞，	河 水 清 清	百 花 开，
I	V₆	IV⁶₄	I		V	

Am	Em/G	Dm/A	Em	Am	
3 6̣	1 2	3 5	2 —	3 2	1 7̣	6̣ —	6̣ —
杨 柳 枝 儿	随 风 摇，	河 边 一 片	翠 绿。
I	V₆	IV⁶₄	V	I	

3. 雪 花

1=C 2/4   和 平 词曲

Am	Dm/A	Am	Dm/A	Em₇/G	Dm/A	Am	Dm/A
6̣ 1	2 —	3 1	2 —	3 5	2 1	3 1	2 —
白 雪 花	飘 啊 飘，	好 像 鹅 毛	飞 呀 飞，
I	IV⁶₄	I	IV⁶₄	V⁶₅	IV⁶₄	I	IV⁶₄

Am	Dm/A	Am	Dm/A	Em₇/G	Dm/A		Am
$\underline{6}$ 1	2 —	3 1	2 —	3 5	2 1	2 1	$\underline{6}$ — ‖
白 雪 花	飘 啊 飘，	大 地	一 片	白 茫	茫。		
I	IV$_4^6$	I	IV$_4^6$	V$_5^6$	IV$_4^6$		I

4. 雪　花

1=C 2/4

和 平 词曲

Am	Dm/A	Am	Dm/A	Em/G	Dm/A	Am	Dm/A
$\underline{6}$ 1	2 —	3 1	2 —	3 5	2 1	3 1	2 —
白 雪 花	飘 啊 飘，	好 像	鹅 毛	飞 呀	飞，		
I	IV$_4^6$	I	IV$_4^6$	V$_6$	IV$_4^6$	I	IV$_4^6$

Am	Dm/A	Am	Dm/A	Em/G	Dm/A		Am
$\underline{6}$ 1	2 —	3 1	2 —	3 5	2 1	2 1	$\underline{6}$ — ‖
白 雪 花	飘 啊 飘，	大 地	一 片	白 茫	茫。		
I	IV$_4^6$	I	IV$_4^6$	V$_6$	IV$_4^6$		I

5. 我的小小马

1=C 2/4

和 平 词曲

Am	Em/G	Am Em/B	Am		Dm Em/G	Em
$\underline{6\ \dot{1}}$ $\underline{\dot{1}\ 7\ 6}$	$\underline{5\ 5}$ 3	$\underline{6\ \dot{1}}$ $\underline{7\ 6\ 5}$	6 6	$\underline{3\ 6}$ $\underline{6\ 5}$	$\underline{3\ 6}$ 2	$\underline{3\ 5}$ $\underline{7\ 5}$	6 6 ‖
我 的 小 小 马	白 又	壮 啊，	骑 上 马 儿	走 呀 走，	草 原 多 么	辽 阔。
I	V$_6$	I V$_6$	I		IV V$_6$	I

第二节　e小调幼儿歌曲的编配

一、e小调上的常用和弦

(一) 正三和弦、属七和弦与终止四六和弦

　　e小调的正三和弦是建立在主（E）、下属（A）、属（B）音上的小三和弦，和弦标记为 I、IV、V 级，也可以用字母 Em、Am、Bm 来表示，正三小和弦色彩柔和。在 e 和声小调中，导音升高半音，属音（B）上的和弦是大三和弦，用字母 B 来表示，大三和弦色彩明亮，与 Em、Am 相互连接，形成和声色彩上的对比。

　　e小调的属七和弦是建立在属音（B）上的七和弦，和弦标记为 V$_7$，也可以用 B$_7$ 来表示。属七和弦的色彩丰富，具有不稳定性，与主和弦连接，出现在乐段的终止处。

　　e小调的终止四六和弦是建立在属音（B）上的四六和弦，和弦标记为 K$_4^6$，也可以用 Em/B 来表示。通常，它出现在终止乐段中，在属和弦或属七和弦前面。

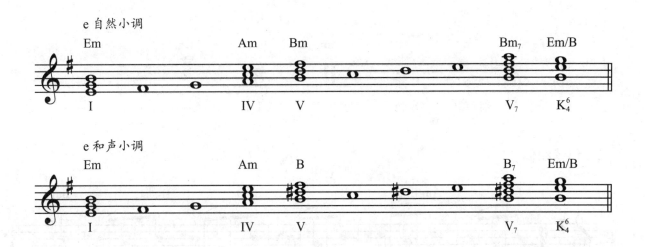

练习:

双手在钢琴的不同音区上,弹奏 e 小调上的和弦连接。

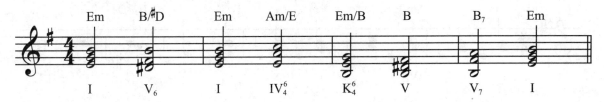

(二)副三和弦

在 e 自然小调中,副三和弦是建立在上主(#F)、中(G)、下中(C)、导(D)音上的三和弦:II 级三和弦是减三和弦,用字母 Fd 来表示;III 级三和弦是大三和弦,用字母 G 来表示;VI 级三和弦是大三和弦,用字母 C 来表示;VII 级三和弦是大三和弦,用字母 D 来表示。

在 e 和声小调中,四个副三和弦中,II 级三和弦是减三和弦,用字母 Fd 来表示;III 级三和弦是增三和弦,用字母 G_A 来表示;VI 级三和弦是大三和弦,用字母 C 来表示;VII 级三和弦是减三和弦,用字母 #Dd 来表示。

例 7-5

为 e 小调的旋律选配和声,调性中的副三和弦与正三和弦交替应用,则会使音乐的和声色彩变幻丰富。

在 e 小调内,功能组 T、S、D 的先后排列次序比较自由,在功能组中,副三和弦可以代替正三和弦单独选用,也可出现在正三和弦的后面。

(三)E 羽调上的和弦

在中国民族调式中,E 羽调可分为五声、六声、七声调式。E 羽调上的各级正音为:羽(E)、宫(G)、商(A)、角(C)、徵(D)音。

在 E 羽调的各级音上,构成的和弦分别是:E 羽和弦、G 宫和弦、A 商和弦、C 角和弦、D 徵和弦。

例 7-6

二、和弦织体

教学提示：双手在钢琴上弹奏 e 和声小调和弦的全分解、半分解伴奏织体，注意倾听和弦连接的变化色彩，记忆和弦的键盘位置，第 4 条练习中，I、V 级和弦是 +4 和弦。

三、键盘上的练习

（一）谱例弹唱

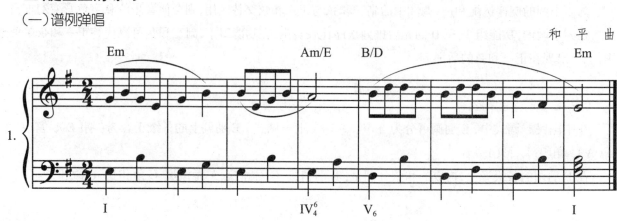

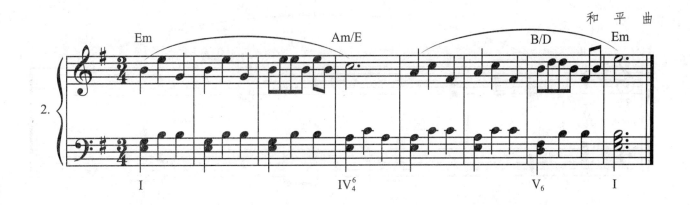

(二)乐曲弹奏

1. 打 垒 球

教学提示：弹奏 e 小调的主、属、下属音上的五音，把握连音与跳音的弹奏。

2. 踩 高 跷

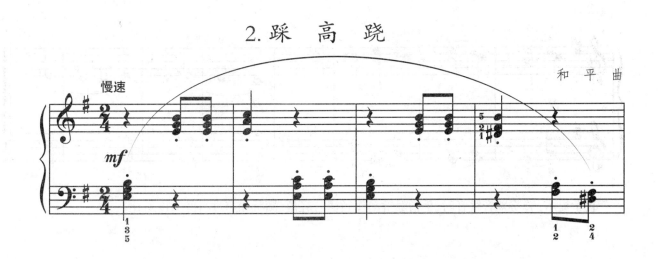

教学提示：弹奏e小调上的正三和弦，聆听和弦连接的变化。

3. 空灵时光

齐尔品 曲

教学提示：弹奏双音跳音时，手指触键动作敏捷、轻盈，聆听和声进行的力度对比。

4. 思 念

和平 编曲

教学提示：弹奏 e 羽调乐曲，倾听民族调式和声连接的色彩。

5. 民 歌

和平 编曲

教学提示：倾听 e 羽调乐曲和声进行的色彩与力度变化。

四、歌曲弹唱

（一）五线谱上的幼儿歌曲

1. 摘 瓜

和 平 词曲

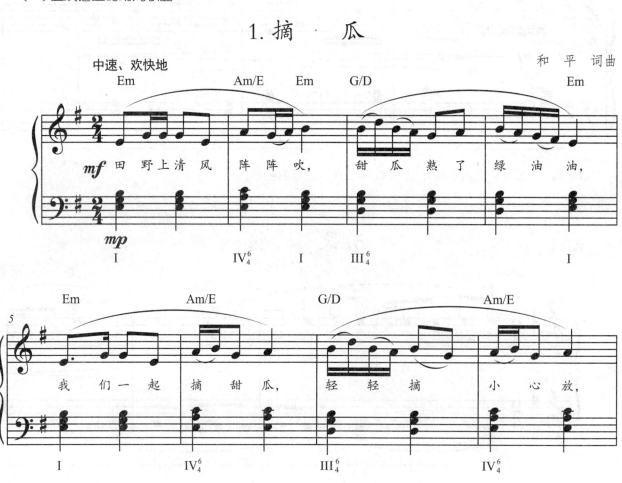

教学提示：把握附点八分音符与后十六分音符的节拍时值，左手控制力度，把握 $\frac{2}{4}$ 拍节奏重音。

2. 湖 边

和平 词曲

教学提示：左手弹奏半分解音型，注意控制弱拍双音的力度。有表情地边弹边唱。

3. 雪 花

和 平 词曲

教学提示：弹奏 e 小调上的儿童歌曲，注意和弦的键盘位置。

4. 不 倒 翁

和 平 词曲

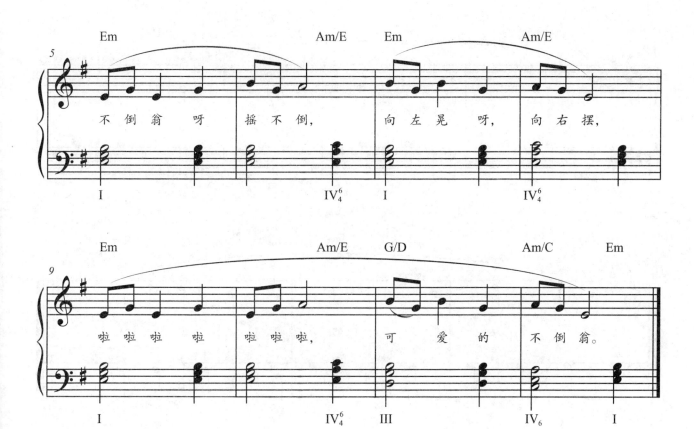

教学提示：把握柱式和弦伴奏音型的弹奏，注意控制音量。

5. 小　钟

和平 词曲

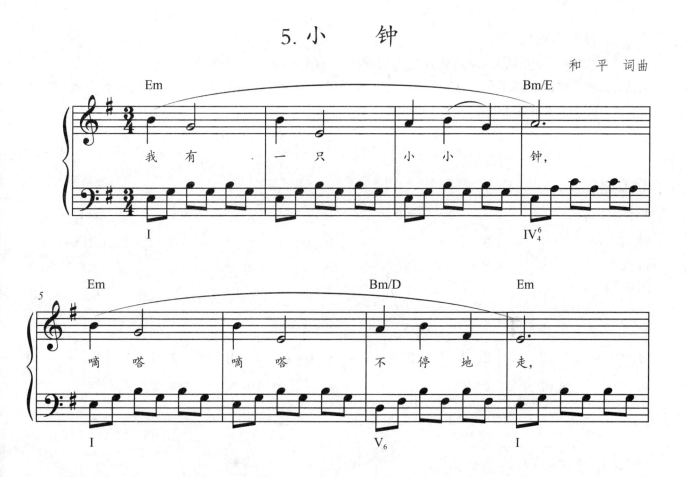

教学提示：学习三拍子的全分解伴奏音型的弹奏,弹奏声音轻盈,注意和声连接的色彩变化,Ⅴ级和弦是小三和弦,Ⅲ级和弦是大三和弦,用字母G来表示。边弹边唱,并在a小调上移调弹奏。

（二）简谱上的幼儿歌曲

（1）双手弹奏e小调上儿歌的旋律,边弹边唱；（2）双手弹奏儿歌上方的和弦,一小节一个柱式和弦,有表情地边弹边唱；（3）为儿歌选择一个伴奏音型,双手弹奏,做到边弹边唱；（4）在C、G大调上移调弹唱,注意旋律在不同调上的键盘位置。

1. 小　钟

1=G 3/4

和平 词曲

```
   Em                        Am/E        Em                        Am/E
 | 3 6̣ - | 3 1 - | 3 3 2 1 | 2 - - | 3 6̣ - | 3 1 - | 3 3 2 1 | 2 - - |
   小 钟, 嘀 嗒,  会  说 话,         嘀 嗒, 嘀 嗒, "快 快 起 床"。
   Ⅰ                        Ⅳ⁶₄        Ⅰ                        Ⅳ⁶₄

   Em                        Am/C        Em
 | 3 6̣ - | 1 6̣ - | 3 3 2 1 | 2 - - | 3 6̣ - | 1 6̣ - | 2 3 1 | 6̣ - - ‖
   嘀 嗒, 嘀 嗒, "上 学  了"。         嘀 嗒, 嘀 嗒, "快 睡 吧"。
   Ⅰ                        Ⅳ₆         Ⅰ
```

2. 小　　钟

1=G 3/4　　　　　　　　　　　　　　　　　　　　　　　　　和平　词曲

Em		Am/E	Em		Am/E
3 6̣ -	3 1 -	3 2̂ 1	2 - -	3 6̣ -	3 1 -	3 2̂ 1	2 - -

小　钟，　嘀嗒，　会　说　话，　嘀嗒，　嘀嗒，"快　快　起　床"。
　I　　　　　　　　IV₄⁶　　I　　　　　　　　IV₄⁶

Em		Am/C	Em		
3 6̣ -	1 6̣ -	3 2̂ 1	2 - -	3 6̣ -	1 6̣ -	2 3 1	6̣ - -

嘀嗒，　嘀嗒，"上　学　　了"。嘀嗒，　嘀嗒，"快　睡　　吧"。
　I　　　　　　　　IV₆　　I

3. 不 倒 翁

1=G 3/4　　　　　　　　　　　　　　　　　　　　　　　　　和平　词曲

Em	Am/E	Em	Am/E	Em	Am/E
6̣ 1 6̣ 1	6̣ 1 2 -	3 1̂ 3 1	2 1 2 -	6̣ 1 6̣ 1	3 1 2 -

不　倒　翁　呀，摇呀摇，　东晃晃　　西摇摇，　不倒翁　呀，摇不倒，
　I　　　　　　IV₄⁶　　I　　　　　　IV₄⁶　　I　　　　　　IV₄⁶

Em	Am/C	Em	Am/C	Em	Am/C Em
3 1̂ 3 1	2 1 6̣ -	6̣ 1 6̣ 1	6̣ 1 2 -	3 1̂ 3 1	2 1 6̣ -

向　左　晃，　向　右　摆，　啦啦啦啦　啦啦啦，　可爱的　　不倒翁。
　I　　　　　　IV₆　　　I　　　　　　IV₆　　　I　　　　　　IV₆　I

4. 摘　　瓜

1=G 2/4　　　　　　　　　　　　　　　　　　　　　　　　　和平　词曲

Em	G/D	Em	Am/E
6̣ 1 1 1 6̣	2 1 2 3	3 5 3 2 1 2	3 2 1 7̣ 6̣	6̣· 1 1 6̣	2 3 1 2

田野上清风阵阵吹，　甜瓜熟了绿油油，　我们一起摘甜瓜，
　I　　　　IV₄⁶　I　　III₄⁶　　　I　　　　　　　IV₄⁶

G/D	Am/E	Em	Am/E Bm/D	G/D	D₇ Em
3 5 3 2 3 1	2 3 1 2	6̣· 1 1 6̣	2 3 1 2 3 5	3 5 3 2 3 1	2 3 1 7̣ 6̣

轻轻摘，小心放，　你摘我摘大家来，　装满一筐又一筐。
III₄⁶　　IV₄⁶　　I　　　IV₄⁶　V₆　III₄⁶　　VII₇　I

169

5. 湖边

和平 词曲

1=G 3/4

Em	G/D Am/G	Em	G/D Bm/D Em
6̣ 1 2 | 3 − 1 |	3 5 1 | 2 − − |	6̣ 1 2 | 3 − 5 |	2 3 5̣ | 6̣ − − |
湖水 清 清，小船儿 摇，	小鱼儿 游 游，小鸟儿 唱。		
I	III₄⁶ IV₄⁶	I	III₄⁶ V₆ I

Em	G/D Am/G	Em	G/D Bm/D Em
3 − 6̣ | 1 − 6̣ |	3 5 1 | 2 − − |	6̣ 1 2 | 3 − 5 |	2 3 5̣ | 6̣ − − ‖
我 在 湖边 学 画 画，	我的 家乡 多 美 好。		
I	III₄⁶ IV₄⁶	I	III₄⁶ V₆ I

6. 滑梯

和平 词曲

1=G 2/4

Em	Am/E	G/D	Am/C
6̣ 1 | 6̣ 1 |	2 2 |	1 2 | 5 1 |	2 0 |
小呀 小滑 梯 呀，	爬呀爬上 来，		
I		III₄⁶	IV₆

Em/B		Am	Em/B	Em
6̣ 1 | 6̣ 1 |	3 1 | 2 |	3 6̣ | 1 2 |	6̣ − ‖	
扑通 一下 滑下 来，	真呀 真快 乐。			
I₄⁶		IV	I₄⁶	

7. 搭积木

和平 词曲

1=G 2/4

Em	Am/E	Em	Am/E
1 3 | 3 6̣ |	1 2 | 2 |	1 2 | 1 3 |	2 1 | 2 |
小积 木呀 真神 奇，	一块 一块 堆起 来，		
I	IV₄⁶	I	IV₄⁶

Bm/D	Em/B	Am/C	Em
3 5 | 5 3 |	1 3 | 2 1 |	2 3 | 1 2 |	2 1 | 6̣ ‖
彩色 房子 大汽 车呀，	一块 一块 堆起 来。		
V₆	I₄⁶	IV₆	I

170

第三节 b小调幼儿歌曲的编配

一、b小调上的常用和弦

（一）正三和弦、属七和弦与终止四六和弦

b小调的正三和弦是建立在主（B）、下属（E）、属（#F）音上的小三和弦，和弦标记为 I、IV、V，也可以用字母 Bm、Em、#Fm 来表示，正三小和弦色彩柔和。在 b 和声小调中，导音升高半音，属音（#F）上的和弦是大三和弦，用字母 #F 来表示，大三和弦色彩明亮，与 Bm、Em 相互连接，形成和声色彩上的对比。

b小调的属七和弦是建立在属音（#F）上的七和弦，和弦标记为 V_7，也可以用 #F_7 来表示。属七和弦的色彩丰富，具有不稳定性，与主和弦连接，出现在乐段的终止处。

b小调的终止四六和弦是建立在属音（#F）上的四六和弦，和弦标记为 K_4^6，也可以用 Bm/#F 来表示。通常，出现在终止乐段中，在属和弦或属七和弦前面。

例 7-7

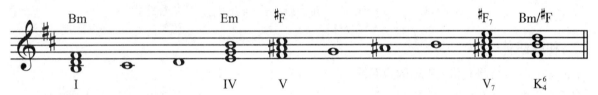

练习：双手在钢琴不同音区上，弹奏 b 小调上的和弦连接。

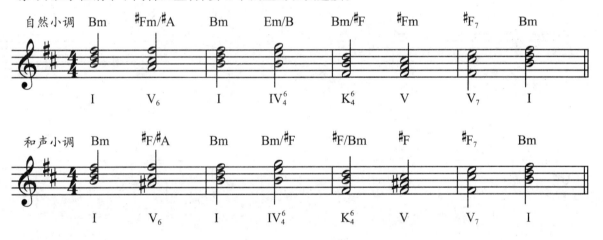

（二）副三和弦

在 b 自然小调中，副三和弦是建立在上主（#C）、中（D）、下中（G）、导（A）音上的三和弦：II 级三和弦是减三和弦，用字母 #Cd 来表示；III 级三和弦是大三和弦，用字母 D 来表示；VI 级三和弦是大三和弦，用字母 G 来表示；VII 级三和弦是大三和弦，用字母 A 来表示。

例 7-8

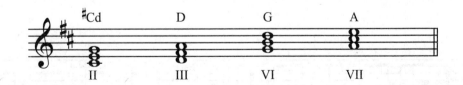

在 b 和声小调中，四个副三和弦中，II 级三和弦是减三和弦，用字母 #Cd 来表示；III 级三和弦是增三和弦，用字母 D_A 来表示；VI 级三和弦是大三和弦，用字母 G 来表示；VII 级三和弦是减三和弦，用字母 Ad 来表示。

例 7-9

（三）B 羽调上的和弦

在中国民族调式中，B 羽调可分为五声、六声、七声调式。B 羽调上的各级正音为：羽（B）、宫（D）、商（E）、角（#F）、徵（A）音。

在 B 羽调的各级音上，构成的和弦分别是：B 羽和弦、D 宫和弦、E 商和弦、#F 角和弦、A 徵和弦。

例 7-10

二、和弦织体

下面是 b 和声小调上和弦织体的弹奏练习。

双手在钢琴上弹奏 b 和声小调和弦伴奏织体，注意倾听和弦连接的变化色彩，记忆和弦的键盘位置。

三、键盘上的练习

(一)谱例弹唱

在 b 和声小调上,为旋律编配适当的伴奏,注意旋律的流畅进行,做到边弹边唱。

弹奏下面的小曲,按照指定的和弦,为旋律创作一个新的伴奏音型。

(二)乐曲弹奏

1. 小 雪 橇

教学提示：双手交替弹奏b小调后十六、十六分音符的旋律，手指用力均匀、敏捷。

2. 踮脚的娃娃

和平曲

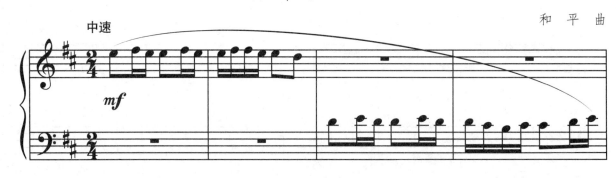

教学提示：学习十六、后十六分音符旋律的弹奏，注意乐句的歌唱进行。

3. 学 舌

和平曲

教学提示：左右手弹奏 b 和声小调旋律，把握旋律的歌唱进行。

4. 挂　钟

和　平　曲

教学提示：弹奏 b 小调正三和弦、属七和弦跳音，手指下键动作敏捷、整齐。

四、歌曲弹唱

（一）五线谱上的幼儿歌曲

1. 夜

和　平　词曲

175

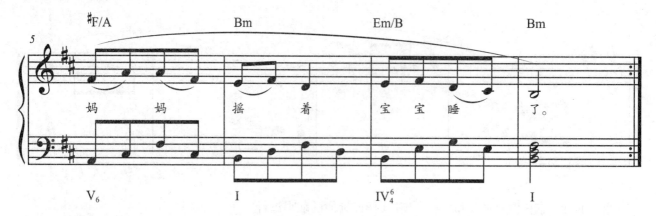

教学提示：弹奏 b 小调上的幼儿歌曲，注意和弦的键盘位置，歌唱性地弹奏全分解伴奏音型，左手大拇指弹奏黑键时，触键动作轻柔。

2. 摇 篮 曲

圣 音 词曲

教学提示：弹奏 d 羽调儿童歌曲，左手歌唱性地弹奏全分解和弦音型，注意控制手指力度。

3. 风车转转

和平 词曲

教学提示：弹奏 b 羽调的儿童歌曲，左手歌唱地弹奏全分解和弦音型，做到边弹边唱。

4. 棒 棒 糖

和 平 词曲

教学提示：歌唱地弹奏 b 小调幼儿歌曲。

5. 彩霞

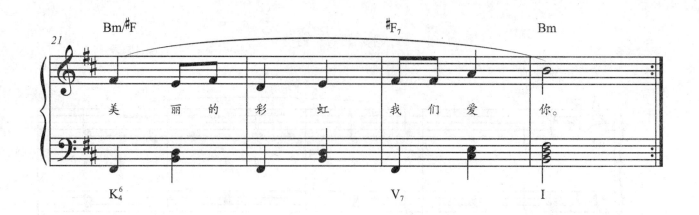

6. 雪 花

和平 词曲

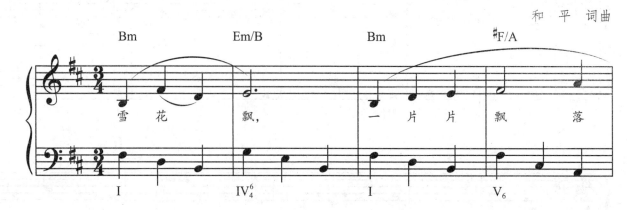

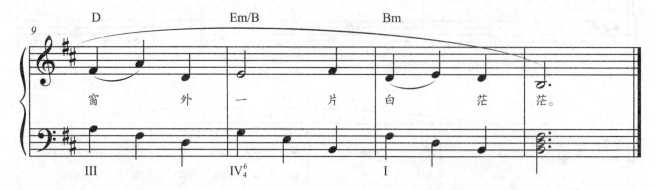

教学提示：弹奏全分解伴奏音型，把握 3/4 拍的节奏韵律，大拇指弹在节奏的强拍上，力量要均匀传送至 3 指与 5 指，伴奏音量略轻于主旋律，记忆和弦的键盘位置。

(二)简谱上的幼儿歌曲

(1)双手弹奏b小调上儿歌的旋律,边弹边唱;(2)双手弹奏儿歌上方的和弦,一小节一个柱式和弦,有表情地边弹边唱;(3)为儿歌选择一个伴奏音型,双手弹奏,做到边弹边唱;(4)在a、e小调上移调弹唱,注意旋律在不同调上的键盘位置。

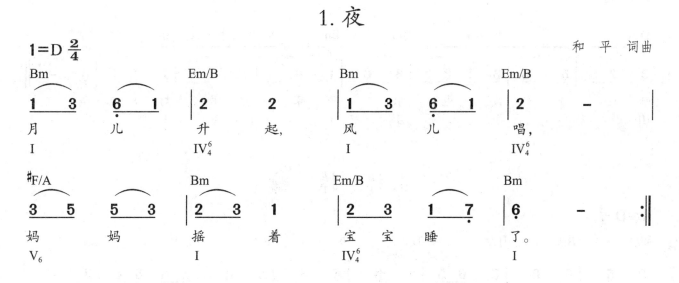

| Bm Em/B ♯Fm/A   Bm | Em/B ♯Fm/A Bm   Em/B |
| 3 2̲ 3̲ | 5. 6̲ | 3.̲ 5̲ 3̲ 2̲ | 1 6̣ | 1 6̲.̣ 1̲ | 2 3̲ 5̲ | 1 6̲.̣ 1̲ | 2 - |
| 风 儿 吹 叶 儿 转, 电 线 拉 进 大 山 中, |
| Ⅰ   Ⅳ⁶₄   Ⅴ₆   Ⅰ   Ⅳ⁶₄ Ⅴ₆   Ⅰ   Ⅳ⁶₄ |

| D/A   Bm₇ | Bm   Em/B ♯Fm/A Bm |
| 3 2̲ 3̲ | 5. 6̲ | 3.̲ 5̲ 3̲ 2̲ | 3 6̣ | 1 6̲.̣ 1̲ | 2 3̲ 5̲ | 1 2̲ 1̲ | 6̣ - ‖
| 叶 儿 转 发 电 啦, 家 家 户 户 灯 儿 亮。 |
| Ⅲ   Ⅰ₇   Ⅰ   Ⅳ⁶₄ Ⅴ₆   Ⅰ |

4. 棒 棒 糖

1=D 2/4   和 平 词曲

| ♯F/A   Bm   ♯F/A   D/A   Bm   ♯F/A   Em/B   Bm |
| 3 5 | 6̲ 6̲ | 5 6̲ 5̲ | 3 5 | 6 3 | 5 3 | 2̲ 3̲ 5̲ 6̲ | 3 - |
| 我 有 一 把 棒 棒 糖, 长 的 圆 的 不 一 样, |
| Ⅴ₆   Ⅰ   Ⅴ₆   Ⅲ⁶₄   Ⅰ   Ⅴ₆   Ⅳ⁶₄   Ⅰ |

| ♯F/A   Bm   ♯F/A   D/A   Bm/♯F   ♯Fm   B |
| 3 5 | 6̲ 6̲ | 5 6̲ 5̲ | 3 5 | 6 3 | 5 7 | 6 6̲ 5̲ | 6 - ‖
| 一 二 三 四 五 六 七, 棒 棒 糖 儿 甜 又 香。 |
| Ⅴ₆   Ⅰ   Ⅴ₆   Ⅲ⁶₄   K⁶₄   Ⅴ   Ⅰ |

5. 彩 霞

1=D 2/4   和 平 词曲

| Bm   Em/B   Bm   D/A   ♯Fm/A   Bm |
| 6̣ 1 | 3 1 | 2̲ 2̲ 2̲ 3̲ | 1̲ 2̲ 3̲ | 6̣ 1̲ 1̲ | 3 5 | 3̲ 3̲ 2̲ 3̲ | 1̲ 7̲ 6̣ |
| 雨 过 天 晴 小 朋 友 快 来 看, 美 丽 的 彩 虹 高 高 挂 在 天 上, |
| Ⅰ   Ⅳ⁶₄   Ⅰ   Ⅲ⁶₄   Ⅴ₆   Ⅰ |

| Em/B   ♯F/A   Bm   ♯Fm/A   Bm |
| 6̣ 1 | 3 1 | 2 1̲ 2̲ | 3 5 | 3̲ 3̲ 2̲ 3̲ | 1 2 | 3̲ 5̲ 6 - |
| 赤 橙 黄 绿 青 蓝 紫, 快 快 拿 起 蜡 笔 画 下 来。 |
| Ⅳ⁶₄   Ⅴ₆   Ⅰ   Ⅴ₆   Ⅰ |

| Em/B   ♯Fm/A   Bm/♯F   ♯F₇   Bm |
| 6̣ 1 | 3 1 | 2̲ 2̲ 1̲ 2̲ | 3 5 | 3 2̲ 3̲ | 1 2 | 3̲ 3̲ 5 | 6 - ‖
| 啦 啦 啦 啦 啦 啦 啦 啦 啦, 美 丽 的 彩 虹 我 们 爱 你。 |
| Ⅳ⁶₄   Ⅴ₆   K⁶₄   Ⅴ₇   Ⅰ |

6. 雪　花

和　平　词曲

1=D 3/4

Bm	Em/B		D/A	Em/B	

$\underbar{6}$ $\overset{\frown}{3\ 1}$ | 2 - - | $\underbar{6}$ 1 2 | 3 - 5 | $\overset{\frown}{2\ 3\ 1}$ | 2 - - |

雪　花　飘，　　一片片飘　落　大　地　上。

I　　IV$_4^6$　　　　　III$_4^6$　IV$_4^6$

Bm	Em/B	D/A	Em/B	Bm

$\underbar{6}$ $\overset{\frown}{3\ 1}$ | 2 - - | 3 5 1 | 2 - 3 | $\overset{\frown}{1\ 2\ 1}$ | $\underbar{6}$ - - ‖

雪　花　飘，　　窗外一　片　白　茫　茫。

I　　IV$_4^6$　III$_4^6$　IV$_4^6$　I

7. 雪　花

和　平　词曲

1=D 3/4

Bm	Em/B	Bm	#Fm/A	Em/B

$\underbar{6}$ $\overset{\frown}{3\ 1}$ | 2 - - | $\underbar{6}$ 1 2 | 3 - 5 | $\overset{\frown}{2\ 3\ 1}$ | 2 - - |

雪　花　飘，　　一片片飘　落　大　地　上。

I　　IV$_4^6$　　I　　V$_6$　IV$_4^6$

Bm	Em/B	#Fm/A	Em/G	Bm

$\underbar{6}$ $\overset{\frown}{3\ 1}$ | 2 - - | 3 5 1 | 2 - 3 | $\overset{\frown}{1\ 2\ 1}$ | $\underbar{6}$ - - ‖

雪　花　飘，　　窗外一　片　白　茫　茫。

I　　IV$_4^6$　V$_6$　IV$_6$　I

第八章　d、g小调幼儿歌曲的编配与弹唱

第一节　d小调幼儿歌曲的编配

一、d小调上的常用和弦

（一）正三和弦、属七和弦与终止四六和弦

d小调的正三和弦是建立在主（D）、下属（G）、属（A）音上的小三和弦，和弦标记为Ⅰ、Ⅳ、Ⅴ级，也可以用字母Dm、Gm、Am来表示，正三小和弦色彩柔和。在d和声小调中，导音升高半音，属音（A）上的和弦是大三和弦，用字母A来表示，大三和弦色彩明亮，与Dm、Gm相互连接，形成和声色彩上的对比。

d小调的属七和弦是建立在属音（A）上的七和弦，和弦标记为V_7，也可以用A_7来表示。属七和弦的色彩丰富，具有不稳定性，与主和弦连接，出现在乐段的终止中。

d小调的终止四六和弦是建立在属音（A）上的四六和弦，和弦标记为K_4^6，也可以用Dm/A来表示。它通常出现在终止乐段中，在属和弦或属七和弦前面。

例8-1

练习：

双手在钢琴的不同音区上，弹奏d小调的和弦连接。

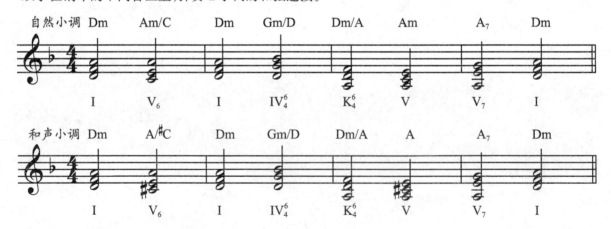

（二）副三和弦

在d自然小调中，副三和弦是建立在上主（E）、中（F）、下中（♭B）、导（C）音上的三和弦。其中，Ⅱ级三和弦是减三和弦，用字母Ed来表示；Ⅲ级三和弦是大三和弦，用字母F来表示；Ⅵ级三和弦是大三和弦，用字母♭B来表示；Ⅶ级三和弦是大三和弦，用字母C来表示。

在d和声小调中，四个副三和弦中，Ⅱ级三和弦是减三和弦，用字母Ed来表示；Ⅲ级三和弦是增三和弦，用字母F_A来表示；Ⅵ级三和弦是大三和弦，用字母♭B来表示；Ⅶ级三和弦是减三和弦，用字母♯Cd来表示。

例 8-2

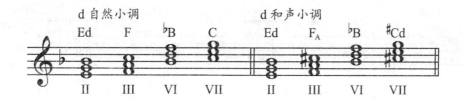

(三) D 羽调上的和弦

在中国民族调式中,D 羽调可分为五声、六声、七声调式。D 羽调上的各级正音为:羽(D)、宫(F)、商(G)、角(A)、徵(C)音。

在 D 羽调的各级音上,构成的和弦分别是:羽和弦、宫和弦、商和弦、角和弦、徵和弦,可以用字母表示为:D 羽和弦、F 宫和弦、G 商和弦、A 角和弦、C 徵和弦。

例 8-3

二、和弦织体

和弦织体是和弦的变化形态,俗称伴奏音型。歌曲伴奏音型的变化,与歌曲内容、形象的表达有关,常用的伴奏织体有立柱式、和弦半分解式与和弦全分解式(琶音型)。

练习:

双手在钢琴上弹奏 d 小调和弦的伴奏音型,注意倾听和弦连接的变化色彩,记忆和弦织体的键盘位置。

d 和声小调上和弦织体(伴奏音型)的弹奏练习:

双手在钢琴上弹奏 d 和声小调和弦半分解、全分解的伴奏织体,注意倾听和弦变化色彩,记忆和弦的键盘位置。

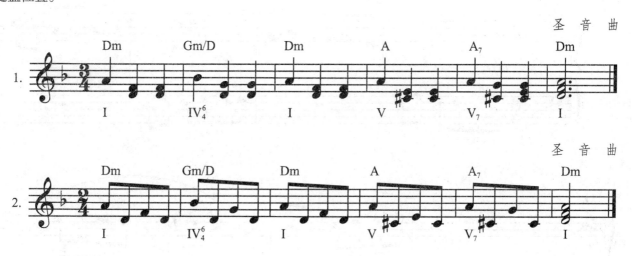

三、键盘上的练习

(一) 谱例弹唱

在 d 和声小调上,为旋律编配适当的伴奏,注意旋律的流畅进行,做到边弹边唱。

弹奏下面的小曲,按照指定的和弦,为旋律创作一个新的伴奏音型。

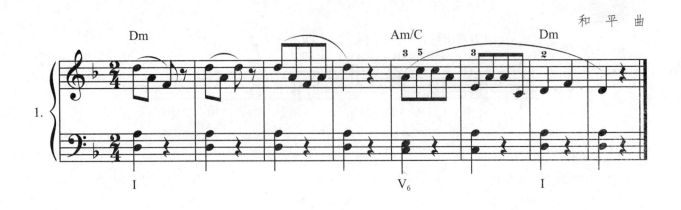

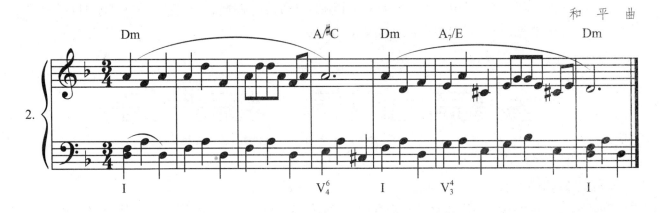

(二)乐曲弹奏

1. 沙 滩 上

教学提示：双手交替弹奏旋律，把握乐句的歌唱进行与力度变化，注意连线内乐音连接的语气。

2. 彩 球

和 平 曲

教学提示：双手交替弹奏 d 小调的正三和弦与属七和弦的跳音练习。

3. 玩 耍

和 平 曲

187

教学提示：双手弹奏 F 大调十六分音符的乐曲，注意旋律的流畅性。

4. 碰 碰 球

和 平 曲

教学提示：学习断奏的方法，手指下键轻快、短促、用力均匀。左手弹奏和弦时，触键用力均匀、整齐，要注意控制音量。

四、歌曲弹唱

(一)五线谱上的幼儿歌曲

1. 羊 群

教学提示：弹奏d小调上的幼儿歌曲，注意和弦的键盘位置，低声部的伴奏要控制音量。

2. 春 来 了

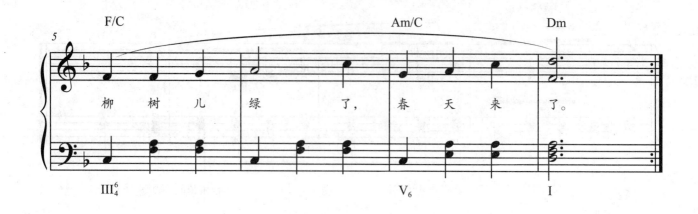

3. 小 船

和平 词曲

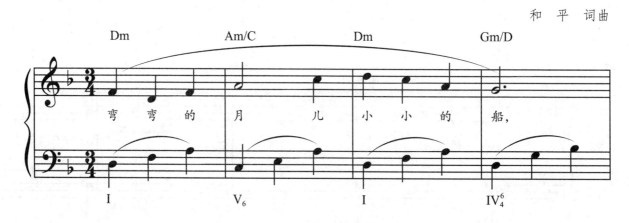

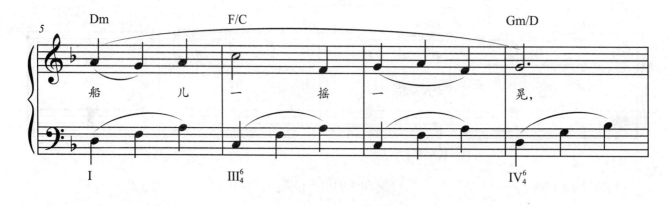

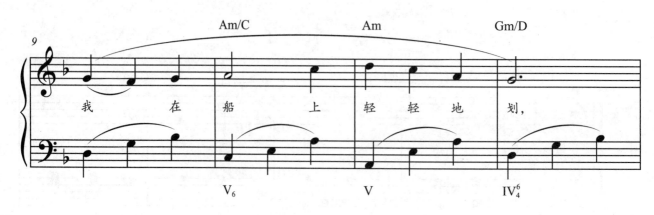

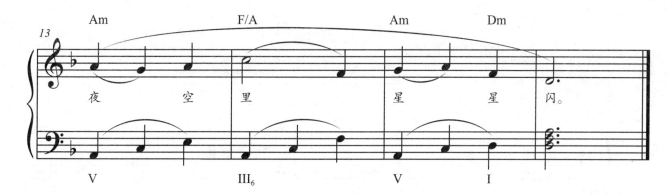

教学提示：把握三拍子的节奏韵律，左手的大拇指要控制力度，在 a、e 小调上移调弹唱，创编新的伴奏音型。

4. 知 了

和 平 词曲

教学提示：左手弹奏全分解的伴奏音型，要控制力度，略轻于主旋律，做到边弹边唱，移至 a、e 小调上弹唱。

5. 小蜜蜂

教学提示：弹奏 d 羽调儿童歌曲，左手弹奏半分解和弦音型，要控制双音弹奏的力度。

6. 贝 壳

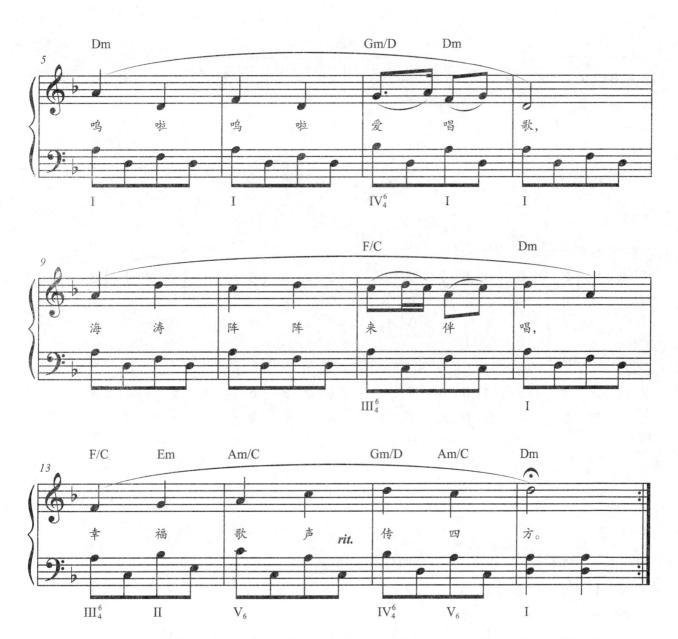

教学提示：有表情地弹奏 d 羽调的儿童歌曲，学习歌唱性地弹奏全分解的伴奏音型，注意控制音量。

（二）简谱上的幼儿歌曲

（1）双手弹奏 b 小调上儿歌的旋律，边弹边唱；（2）双手弹奏儿歌上方的和弦，一小节一个柱式和弦，有表情地边弹边唱；（3）为儿歌选择一个伴奏音型，双手弹奏，做到边弹边唱；（4）在 a、e 小调上移调弹唱，注意旋律在不同调上的键盘位置。

1. 知　了

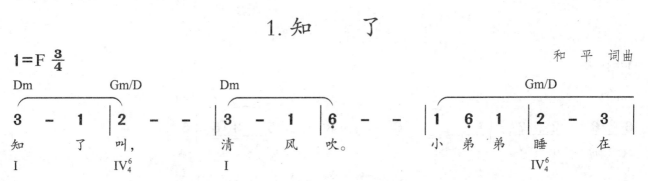

	Dm		Gm/D			Dm
2 3 1	2 − −	1 − $\dot{6}$	2 − 3	2 3 1	$\dot{6}$ − − ‖
摇 篮 里。	摇 啊 摇	啊 快 快	入 睡。

I   IV$_4^6$ I

2. 小 船

1=F 3/4   和 平 词曲

Dm	Am/C	Dm	Gm/D	Am/C		Gm/D	
1 $\dot{6}$ 1	3 − 5	6 5 3	2 − −	3 2 3	5 − 1	2 3 1	2 − −
弯弯的月 儿，	小小的 船，	船 儿 一	摇 一	晃。

I   V$_6$ I   IV$_4^6$ V$_6$ IV$_4^6$

Gm/D	Am/C	Gm/D		Am	Gm/$^\flat$B	Dm
2 1 2	3 − 5	6 5 3	2 − −	3 2 3	5 − 1	2 3 1	$\dot{6}$ − − ‖
我 在 船	上 轻轻地	划，	夜 空 里	星 星 闪。

IV$_4^6$ V$_6$ IV$_4^6$ V   IV$_6$ I

3. 小 船

1=F 3/4   和 平 词曲

Dm	Am/C	Dm	Gm/D	Am/C	F/C	Gm/D
1 $\dot{6}$ 1	3 − 5	6 5 3	2 − −	3 2 3	5 − 1	2 3 1	2 − −
弯弯的月 儿，	小小的 船，	船 儿 一	摇 一	晃。

I   V$_6$ I   IV$_4^6$ V$_6$ III$_4^6$ IV$_4^6$

Am/C	Dm	Gm/D	F/C	Gm/B	Dm
2 1 2	3 − 5	6 5 3	2 − −	3 2 3	5 − 1	2 3 1	$\dot{6}$ − − ‖
我 在 船	上 轻轻地	划，	夜 空 里	星 星 闪。

V$_6$ I   IV$_4^6$ III$_4^6$ IV$_6$ I

4. 羊 群

1=F 2/4   和 平 词曲

Gm/D		Dm		Am/C		Dm	
$\dot{6}$ $\dot{6}$	2 2	1 2 1	$\dot{6}$	3	5 3 5	6 − −
我 的	小 羊	一 群 群	呀	啦	嗨，

IV$_4^6$ I   V$_6$ I

194

				Gm/D		F/C					Dm		
6	6	5	6	1	1	2	3	5	1	2 1	6.		6. ‖

蓝 天 下 面 走 来 了， 好 似 白 云 呦。

IV_4^6　III_4^6　　I

5. 春来了

1=F 8/4　　　　　　　　　　　　　　　　　　和平 词曲

中速 抒情地

Dm　　　　　　　　　　Gm/D　　F/C　　　　　　Am/C　Dm

3 - 5 | 6 - - | 6 5 1 | 2 - - | 1 1 2 | 3 - 5 | 2 3 5 | 6 - - ‖

春　风　吹　百花盛开，　柳树儿绿了，春天来了。

I　　　　　　　IV_4^6　III_4^6　　　　　V_6　I

6. 小蜜蜂

1=F 2/4　　　　　　　　　　　　　　　　　　和平 词曲

Dm　　　　Gm/D　　　　　　　Dm　　Am/C　Gm/D

1 6. | 3 1 | 2 3 2 1 | 2 - | 1 6. | 3 5 | 2 3 2 1 | 2 - |

小 小 蜜 蜂 采 蜜 忙， 飞 到 东 来 飞 到 西，

I　　IV_4^6　　　　　　　I　V_6　IV_4^6

Dm　　　　Gm/D　Am/C　Dm　　　　　Gm/D　　Dm

1 6. | 3 1 | 2 3 | 1 2 | 3 5 | 3 1 1 | 2 3 | 2 3 2 1 | 6. - ‖

小 小 蜜 蜂 真 勤 劳， 采 来 的 花 蜜 甜 又 香。

I　　IV_4^6　V_6　I　　　　IV_4^6　I

7. 贝壳

1=F 2/4　　　　　　　　　　　　　　　　　　和平 词曲

Dm　　　　Gm/D　Dm　Am/C　　　Dm　　　　Gm/D　Dm

3 6. | 1 6. | 2. 3 1 2 | 3 - | 3 6. | 1 6. | 2. 3 1 2 | 6. - |

贝　壳　住　在　大　海　边，　呜啦呜啦爱唱歌，

I　　IV_4^6　I　　　　　　I　　IV_4^6　I

　　　　　F/C　　　Dm　　　F/C　Em　Am/C　Gm/D Am/C Dm

3 6 | 5 6 | 5 6 5 3 5 | 6 3 | 1 2 | 3 5 | 6 5 | 6. - ‖

海 涛 阵 阵 来 伴 唱， 幸 福 歌 声 传 四 方

　　　　　III_4^6　I　　　III_4^6 II V_6 IV_4^6 V_6 I

第二节　g小调幼儿歌曲的编配

一、g小调上的常用和弦

（一）正三和弦、属七和弦与终止四六和弦

g小调的正三和弦是建立在主（G）、下属（C）、属（D）音上的小三和弦，和弦标记为 I、IV、V 级，也可以用字母 Gm、Cm、Dm 来表示，正三小和弦色彩柔和。在 g 和声小调中，导音升高半音，属音（D）上的和弦是大三和弦，用字母 D 来表示，大三和弦色彩明亮，与 Gm、Cm 相互连接，形成和声色彩上的对比。

g小调的属七和弦是建立在属音（D）上的七和弦，和弦标记为 V_7，也可以用 D_7 来表示。属七和弦的色彩丰富，具有不稳定性，与主和弦连接，出现在乐段的终止中。

g小调的终止四六和弦是建立在属音（E）上的四六和弦，和弦标记为 K_4^6，也可以用 Gm/D 来表示。它通常出现在终止乐段中，在属和弦或属七和弦前面。

双手在钢琴的不同音区上，弹奏 g 小调上正三和弦、属七和弦和终止四六和弦的连接。

例 8-4

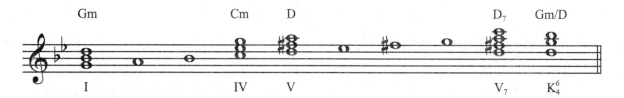

练习：

双手在钢琴不同音区上，弹奏 g 和声小调上正三和弦、属七和弦和终止四六和弦的和弦连接。

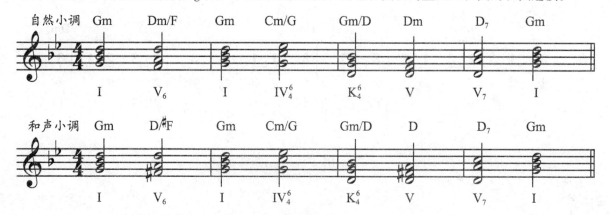

（二）副三和弦

在 g 自然小调中，副三和弦是建立在上主（A）、中（♭B）、下中（♭E）、导（F）音上的三和弦：II 级三和弦是减三和弦，用字母 Ad 来表示；III 级三和弦是大三和弦，用字母 ♭B 来表示；VI 级三和弦是大三和弦，用字母 ♭E 来表示；VII 级三和弦是大三和弦，用字母 F 来表示。

例 8-5

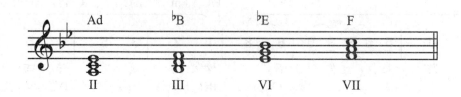

在 g 和声小调中,四个副三和弦中,II 级三和弦是减三和弦,用字母 Ad 来表示;III 级三和弦是增三和弦,用字母 ♭B_A 来表示;VI 级三和弦是大三和弦,用字母 ♭E 来表示;VII 级三和弦是减三和弦,用字母 ♯Fd 来表示。

例 8-6

(三) G 羽调上的和弦

在中国民族调式中,G 羽调可分为五声、六声、七声调式。G 羽调上的各级正音为:羽(G)、宫(♭B)、商(C)、角(D)、徵(F)音。

在 G 羽调的各级音上,构成的和弦分别是:羽和弦、宫和弦、商和弦、角和弦、徵和弦,可以用字母表示为:G 羽和弦、♭B 宫和弦、C 商和弦、D 角和弦、F 徵和弦。

例 8-7

二、和弦织体

和弦织体是和弦的变化形态,俗称伴奏音型。歌曲伴奏音型的变化,与歌曲内容、形象的表达有关,常用的伴奏织体有立柱式、和弦半分解式与和弦全分解式(琶音型)。

练习:

双手在钢琴上弹奏 g 小调和弦半分解与五、六度音程的伴奏音型,注意倾听和弦连接的变化色彩,记忆和弦织体的键盘位置。

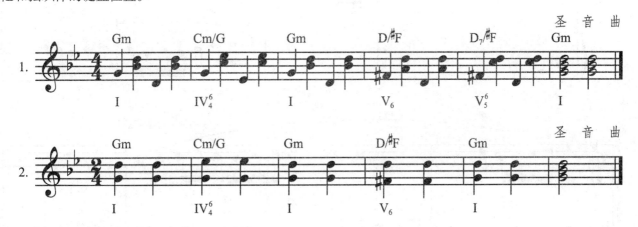

三、键盘上的练习

(一) 谱例弹唱

在 g 和声小调上,为旋律编配适当的伴奏,注意旋律的流畅进行,做到边弹边唱。

弹奏下面的小曲,按照指定的和弦,为旋律创作一个新的伴奏音型。

(二)乐曲弹奏

1. 绒 绒 球

和平曲

教学提示：双手按照指定指法，交替弹奏 g 小调十六分音符旋律练习，手指动作主动而敏捷。

2. 绕 圈 圈

和平曲

教学提示：准确把握十六、前十六分音符的节拍时值。

3. 滑 板

和平曲

教学提示：把握旋律中，后十六、十六分音符的节拍时值，注意聆听和声链接的变化。

4. 小　　鸟

[苏]卡拉玛诺夫　曲

教学提示：注意低声部半音阶旋律的变化音。

四、歌曲弹唱

(一)五线谱上的幼儿歌曲

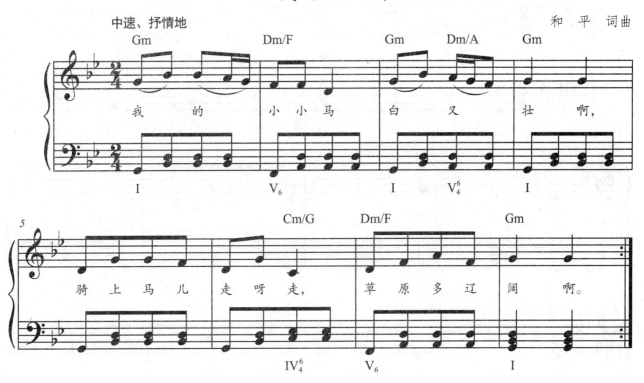

教学提示：弹奏 g 小调上的幼儿歌曲，注意和弦的键盘位置，左手歌唱地弹奏和弦的半分解音型，双音要控制音量。

教学提示：弹奏 g 小调上的儿童歌曲，左手弹奏半分解和弦音型，要控制力度。

3. 小鸡小鸭

教学提示：有表情地弹奏 g 羽调上的儿童歌曲。

4. 一起来

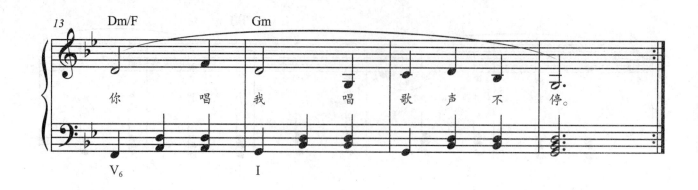

6. 棒棒糖

和平 词曲

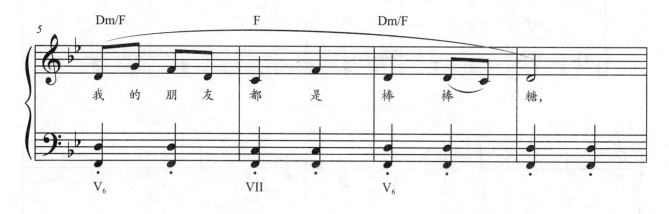

教学提示：g羽调的儿童歌曲，学习五度、六度双音伴奏音型的弹奏，保持正确的手形，控制触键的力度。

(二) 简谱上的幼儿歌曲

（1）双手弹奏g小调上儿歌的旋律，边弹边唱；（2）双手弹奏儿歌上方的和弦，一小节一个柱式和弦，有表情地边弹边唱；（3）为儿歌选择一个伴奏音型，双手弹奏，做到边弹边唱；（4）在新调上移调弹唱，注意旋律在不同调上的键盘位置。

1. 我的小小马

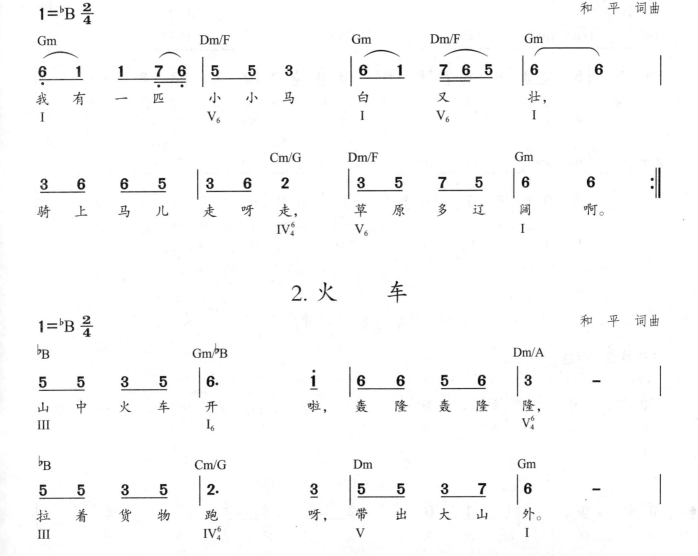

3. 小鸡小鸭

$1=\flat B$ $\frac{2}{4}$　　　　　　　　　　　　　　　　　　　　　　　　　　　和 平 词曲

Gm	♭B/F	Dm/A	Gm	Dm/A	Gm	Cm/G
i 6	i 6	5 6 i 3	5 —	2 3 5 3	2 3 5 1	2 —

小 鸭 嘎 嘎 走 来 了， 小 鸡 叽 叽 也 来 了，

I　　　III$_4^6$　V$_4^6$　I　V$_4^6$　I　IV$_4^6$

♭B		Cm/♭B	Cm/G	Dm/F	Gm
3 5	3 5	6 i 6 i	2 3 5 6	3 5 3 5	6 — :||

小 鸭 嘎 嘎， 小 鸡 叽 叽， 大 家 一 起 玩 呀 真 快 乐。

III　　　I$_6$　　IV$_4^6$　V$_6$　　I

4. 棒 棒 糖

$1=\flat B$ $\frac{2}{4}$　　　　　　　　　　　　　　　　　　　　　　　　　　　和 平 词曲

Gm	Dm/F Gm	Dm/F Gm	Dm/F	F Dm/F
6 3	5 3 3	6 5 7 6 6	3 6 5 3 2 5	3 3 2 3 —

我 是 小 小 的 棒 棒 糖 呀， 我 的 朋 友 都 是 棒 棒 糖，

I　V$_6$ I　V$_6$ I　V$_6$　VII V$_6$

Gm	Dm/F Gm	Dm/F Gm	F	Dm/F Gm
6 3 3	5 3 3	6 5 7 6 5 6	2 3 5 6 5 7 7	6 6 5 6 — :||

我 们 的 衣 裳 是 五 彩 缤 纷， 我 是 一 个 快 乐 的 棒 棒 糖。

I　V$_6$ I　V$_6$ I　VII　V$_6$ I

5. 彩 灯

$1=\flat B$ $\frac{2}{4}$ 中速　　　　　　　　　　　　　　　　　　　　　　　　　怡 婧 词曲

Gm			Dm/F
3 6̣	1 6̣	1 6̣ 1 2	3 —

正 月 十 五 元 宵 节 儿 到，

I　　　　　　　V$_6$

Gm		Cm/♭E	Gm
3 6̣	1 1 6̣	2 2 1 7̣	6̣ 6̣ :||

彩 灯 挂 起 来， 街 上 真 热 闹 呀。

I　　　　　IV$_6$　I

206

6. 小 鼓

和平 词曲

1=♭B 2/4

Gm		Cm/G	♭B/F	

3 5 3 2 | 3 6̇ 1 | 2 2 1 2 | 3 5 |
敲起我的 小 鼓， 哒哒咚哒咚 哒，
I　　　　　　　　　IV$_4^6$　　　III$_4^6$

	Gm	Cm/♭E	Gm	

3 5 3 2 | 3 6̇ 1 | 2 2 1 7̣ | 6̣ 6̣ :‖
你也敲来他也敲， 哒哒咚哒咚 哒。
　　　I　　　　　IV$_6$　I

7. 小 小 鸟

和平 词曲

1=♭B 3/4

Gm		Cm/G	Dm/F	Gm	Cm/G

6̣ 1 2 | 3 — 5 | 6̣ 1 2 | 2 — — | 3 — 5 | 3 — 6̣ | 1 2 3 | 2 — — |
树上有一群小小鸟， 飞来飞去学本领，
I　　　　　　　IV$_4^6$　V$_6$　I　　　　IV$_4^6$

Gm	Dm/F	♭B/F	Dm/F	Gm	

6̣ 1 2 | 3 — 5 | 6 5 3 | 5 — — | 3 — 5 | 3 — 6̣ | 2 3 1 | 6̣ — — :‖
小 小 鸟 爱唱 歌， 你唱我唱歌声不 停。
I　　V$_6$　　　III$_4^6$　V$_6$　I

8. 一 起 来

1=♭B 2/4

Gm	Dm/F	♭B/F	Cm/G

3 5 | 6 3 | 5 5̇ 6̇ | 5 — | 3 5 | 6 1 | 2 2̇ 3̇ | 2 — |
大鼓咚咚敲起来， 小号哒哒吹起来，
I　　　　　V$_6$　　　　III$_4^6$　　　IV$_4^6$

♭B/F	Gm	♭B/F	Cm/G	♭B/F	Dm/F	Gm

3 5 | 6 6 | 5 6 5 | 3 5 | 2 3 | 5 3 | 6 6̇ 5̇ | 6 — :‖
小朋友们唱起来， 手拉手儿跳起来。
III$_4^6$　I　III$_4^6$　　IV$_4^6$ III$_4^6$ V$_6$　I

207

图书在版编目(CIP)数据

弹唱基础/李和平主编. —上海：复旦大学出版社,2018.5
ISBN 978-7-309-13432-2

Ⅰ. 弹… Ⅱ. 李… Ⅲ. 音乐课-学前教育-幼儿师范学校-教材 Ⅳ. G613.5

中国版本图书馆 CIP 数据核字(2017)第 304203 号

弹唱基础
李和平　主编
责任编辑/高丽那

复旦大学出版社有限公司出版发行
上海市国权路 579 号　邮编：200433
网址：fupnet@fudanpress.com　http://www.fudanpress.com
门市零售：86-21-65642857　团体订购：86-21-65118853
外埠邮购：86-21-65109143　出版部电话：86-21-65642845
上海华教印务有限公司

开本 890×1240　1/16　印张 13.5　字数 369 千
2018 年 5 月第 1 版第 1 次印刷
印数 1—5 100

ISBN 978-7-309-13432-2/G·1793
定价：39.00 元

如有印装质量问题,请向复旦大学出版社有限公司出版部调换。
版权所有　　侵权必究